U0949913

数字营销传播导论

Introduction to
Digital Marketing Communication

程　明　著

WUHAN UNIVERSITY PRESS
武汉大学出版社

图书在版编目(CIP)数据

数字营销传播导论/程明著.—武汉：武汉大学出版社，2022.1(2024.7 重印)
ISBN 978-7-307-22777-4

Ⅰ.数…　Ⅱ.程…　Ⅲ.网络营销—高等学校—教材　Ⅳ.F713.365.2

中国版本图书馆 CIP 数据核字(2021)第 249326 号

责任编辑:徐胡乡　　责任校对:李孟潇　　版式设计:马　佳

出版发行：**武汉大学出版社**　(430072　武昌　珞珈山)
(电子邮箱：cbs22@ whu.edu.cn　网址：www.wdp. com.cn)
印刷:武汉图物印刷有限公司
开本:720×1000　1/16　印张:11.25　字数:183 千字　插页:2
版次:2022 年 1 月第 1 版　2024 年 7 月第 3 次印刷
ISBN 978-7-307-22777-4　定价:36.00 元

鸣谢

中共湖北省委宣传部与武汉大学
共建新闻与传播学院本科项目资助

武汉大学2018年规划教材建设项目资助

教育部人文社会科学
重点研究基地武汉大学媒体发展研究中心

在营销传播的历史变革之中

——为程明博士《数字营销传播导论》序

（一）

什么是广告？我曾经回答说：广告是一种营销传播。从某种意义上讲也许是对的，却又不尽然。营销传播的内涵和外延都远较广告扩大。广告的本质是营销传播，或者说营销学与传播学是广告学的两大理论根基，但广告终归只是营销传播的一种形态。如此命题，隐含着我的又一一惯主张：就广告论广告是没有出息的，应该在营销学、传播学也包括社会学的广阔视域下来研究它，至少也应给予广告营销学、传播学、社会学足够的关注。

程明博士是武汉大学广告学的领军人物之一，也是我国广告学领域优秀的中生代学者。其学术视野一向颇为远大，思想敏锐而又勤奋有加，很早就开始涉足数字营销传播领域，几年前，就曾与人合著《数字营销传播经典案例教程》一书。而今又推出《数字营销传播导论》，不仅是在营销学与传播学的视域下来研究广告，更是从广告走向营销传播的研究。这需要视野，需要学术的敏感，也需要深广的学术积累。诚属不易。

（二）

自尼葛洛庞帝的《数字化生存》唱响我国，我们就开始频繁使用“数字”的概念、数字时代、数字社会、数字经济，等等。所谓数字营销传播就是指数字时代的营销传播，准确的说是指数字媒体时代的营销传播。

当我们进入互联网时代之后，我们就开始进入数字化时代，进入数字化媒体时代。互联网 Web1.0 时代的营销传播，虽然也有信息生存方式、信息接受方式、信息反馈方式的些许改变，但总的来看，那时的营销传播还只是传统营销传播的互联网平移，而数字营销传播革命性变迁却是从互联网 Web2.0 时代发端的。

我们注意到，论著开篇即为“社会化媒体与数字营销传播”。以“交互”为特征的社会化媒体，是 Web2.0 的产物。作者舍弃数字营销传播互联网平移的讨论，而集中展开 Web2.0 时代之后数字营销传播的革命性变迁的论述，其选择无疑是极为精当而又颇费苦心的。

（三）

从论著的总体结构来看，第一章应为总论，后七章当为分论。总论中作者特别提到了“大数据与数字营销传播”。约在 2004 年，我们开始进入 Web2.0 时代。大数据的概念则是 2008 年正式提出的。前后相隔仅有 4 年的时间，在数字营销传播的发展变革中，曾有多种技术的嵌入和推动，如早些时的移动通信与移动互联网技术，当下的云计算与区块链技术。大数据之于数字营销传播的影响尤甚。作为资源的大数据，是数字营销传播永恒的基础与前提。而作为大数据计算技术，则是数字营销传播技术体系中最核心的技术。对此，中外学者投入了极大的关注与研究热情。论著也对此作了概括而精要的论述。这是一个值得我们持续而不断深入关注的话题。

分论七章，是对七种主要类型的数字营销传播所作的分别阐释。细细品味，似乎可分为两个大的类型，“内容营销”“原生广告”“品牌传播”为一类，“社群营销传播”“场景营销传播”“网络直播营销”“智能营销传播”为一类，前者偏重内容，后者偏重形态。作者将这七种类型的数字营销传播并列，实际上也用不着再作大的类型划分。不过，我们研读时不妨作这样的思考。这七个类别虽说不能覆盖数字营销传播的全部，但这七种类型却于数字营销传播整体知识框架的建构极为重要，足以成为数字营销传播整体的知识构架的重要支撑。

（四）

论著到“内容营销”一章，再到“原生广告”一章。“内容营销”与“原生广告”有着概念上的差异，也有着实际内涵的某种差异。换一种思考，“原生广告”是否也在“内容营销”大的概念范畴？互联网广告兴起时，我就曾预测其发展趋向，一是“资讯化”，二是“泛形态化”。所谓“资讯化”，就是“内容营销”和“原生广告”的一种生存形态。互联网利用其海量的信息储存与海量信息传输的特征，超时空传输的特性，将信息传输与商品资讯融为一体。西方学者做学问，特别擅长“概念化”。不过，这里的“原生”概念却有些费解。“原生变现系统”换成“资讯变现系统”是否更明了。如何将资讯变现，是内容营销与原生广告研究的核心内容。加上一个“广告”，就使得资讯变现加上了一个无可赦免的“原罪”，尤其是新闻性原生广告。

（五）

论著第八章为“智能营销传播”。将智能营销传播置于末尾，似乎也是饶有深意的。

网络营销传播、计算营销传播与智能营销传播，都属于广义上的数字营销传播的范畴。数字营销传播从网络营销传播走向计算营销传播再走向智能营销传播，有赖于数字技术、互联网技术等基础性技术的发展，更有赖于作为核心技术的大数据计算技术的发展。当大数据计算技术与人工智能技术进行深度的对接与融合，促使营销传播高度的智能化发展。可以说，智能营销传播是数字营销传播发展的一种更高级形态。论著对智能营销传播的人机协同模式，以及跨场景、沉浸式的全新形态的描述，是极为精彩的。技术的可供却是一个动态的发展过程。大数据计算技术与人工智能技术的不断发展，将为智能营销传播提供新的实践行为的可能。未来的智能营销传播将是一幅什么样的图景，正是我们现实与未来的又一重要关切。

（六）

营销传播处于深刻的历史变革之中。回应数字营销传播诸多急切的现实需求，构建起数字营销传播科学合理的知识框架，是营销传播研究者的共同责任，也是广告学者的共同责任。程明博士在此一方面的探索，无论是现有成果还是学术责任担当，都是值得充分肯定的。

惶惶然，谨为序。

张金海

2021. 11. 15 于珞珈山

目　录

第一章　社会化媒体与数字营销传播

技术的进步推动着媒体的变革，媒体的变革促使营销传播的变革与发展。从传统营销传播到数字营销传播，我们广告人的使命之一在于转变营销传播的思路，而这种转变并不是简单地从传统媒体转化为社会化媒体，也不是简单地增加传播的渠道，而是要从根本上改变我们思考问题的出发点。

第一节　媒体与社会化媒体

媒体是传播学的核心概念之一。随着网络技术、数字技术和移动通信技术等的发展，媒体逐渐从以报纸、广播、电视和杂志为主的传统媒体发展到新媒体，而社会化媒体是新媒体的主要形态。

一、媒体

“媒”，在我国古代就已经出现，意指“做媒”，即为未婚男女介绍对象的中间人。在“媒体”之前，“媒介”是最常使用的词组，它来源于拉丁语“Medium”，其原意是指“中间”，指两个事物发生作用与联系的介质或工具，诸如语言、文字、图像、声音等符号信息都属于媒介的范围。16 世纪末期，“媒介”开始在英文中使用，到 17 世纪初期演变为“中介机构”或“中间物”的意涵。1621 年，伯顿(Robert Burton)写道：“对视觉来说，有三件事是必要的：物件、器官与媒介(medium)。”①进入 18 至 19 世纪，媒介的内涵不断地扩大，报纸、日记逐渐被纳

① ［英］雷蒙·威廉斯：《关键词：文化与社会的词汇》，刘建基译，生活·读书·新知三联书店 2005 年版，第 345 页。

入媒介的范畴。

20 世纪初期，随着报纸、杂志、电影和广播的兴起，人类进入了大众传媒时代。媒介逐渐等同于媒体(media)，即指人们用来传递信息与获取信息的工具、渠道、载体、中介物或技术手段，对人们的生活观念与社会现实的建构产生了巨大的影响。

20 世纪中叶，媒体成为媒介组织形态的总称，不同的媒介组织形态可以产生不同类型的媒体。我们现在谈论的媒体，一般有两层含义：一是指传递信息的载体、中介和工具，如书本、磁盘、光盘、磁带、存储卡、云盘，以及相关的播放设备如报纸、杂志、广播、电视、网络、手机、平板电脑等；二是指从事信息搜集、整理、加工、制作、传播的社会组织和机构，即媒体组织，如报社、电台、电视台、出版社、电影制片厂、网站等。①

二、社会化媒体

(一)社会化媒体的特征与本质

社会化媒体，来源于英文单词“social media”，最早出现在 2007 年安东尼·梅菲尔德(Antony Mayfield)所著的 *What is Social Media*，② 在国内常见的翻译有“社交媒体”“社会化媒体”等。“社会化媒体”着重强调 social media 的社会影响，比如其社会动员的能力、企业营销能力等。社会化媒体相对于机构化媒体而言，主要侧重于传播者与内容生产方式，强调的是传播内容。

社会化媒体是基于用户创造内容的媒体，指由公众自主参与形成的，以多对多的传播交流为基本特征的新型在线媒体，包括博客、微博、维基、播客、论坛、内容社区以及个人网站、微信公众号、微信视频号等。社会化媒体是以对话的形式进行沟通，参与者是个人，诚实与透明是核心价值，呈现出分布式结构，引导人们主动获取。③

社会化媒体的特征主要体现在以下几个方面：

---

① 参见郑德梅：《新媒体时代的生存》，山东人民出版社 2015 年版，第 2 页。

② Mayfield A. What is social media [EB/OL]. [2012-05-06]. http://icrossing.co.uk/ebooks.

③ 彭兰：《社会化媒体理论与实践解析》，中国人民大学出版社 2015 年版，第 1 页。

(1)社会化媒体是基于互联网或移动通信的应用，将传播变成了一种互动的对话；

(2)社会化媒体是建立在Web2.0的思想与技术基础上的网络应用，是依托互联网、数字化环境和社会网络而形成的一种社会化、互联网化融合型新媒体；

(3)社会化媒体是社会性互动的媒介，而社会性互动是社会性传播的一个超集，这一超集是内容生产与社交的结合，社会关系的需求促进了社会化媒体平台上的内容生产，同时这些平台上的内容也成为联结人们关系的纽带。

(4)社会化媒体平台上的主角是用户，而不是网站的运营者。社会化媒体是用户生成内容，是人们在线交流和分享的网站或应用程序的集合，个体或社群在社会化媒体平台里分享、协同创造、讨论以及修正用户生产的内容。

从技术视角来看，社会化媒体是一种完全基于互联网的数字媒体，它以源于各种社会性软件而存在；从内容特征来看，社会化媒体内流动的内容主要是个人意见、专业见解、工作经验等感性认知；从信息科学的角度来看，社会化媒体是由社会性网络服务带来的新型网络信息交流空间的集合；从情报学视角来看，社会化媒体是个体信息空间与公共信息空间互涉的产物。

因此，我们可以说，社会化媒体是人们彼此分享见解、信息并建立关系的传播平台，是技术发展对于社会公众的一种赋权，是公众现实社会关系的网络延伸和网络社会关系的现实连接。正如“现代营销之父”菲利普·科特勒等在《营销革命4.0：从传统到数字》中的总结：“社交媒体的本质是人与人交互的平台。”①

(二)社会化媒体的组成要素

社会化媒体由三个核心要素组成：关系、连接与互动。

1. 关系

关系是社会化媒体的纽带，社会化媒体平台上的用户不是孤立的个体，而是由关系连接起来的群体。用户在社会化媒体上同熟人联系，认识志同道合的新朋友，通过“加好友”“关注”“收听”等行为建立关系。社交关系的建立表达了用户的社交意愿，用户进行有效的互动，形成自己的社交关系网络和社群组织，保持

① [美]菲利普·科特勒、[印尼]何麻温·卡塔加雅、[印尼]伊万·塞蒂亚万：《营销革命4.0：从传统到数字》，王赛译，机械工业出版社2018年版，第136页。

参与社群活动的热情和动力。对于商业机构来讲，组织在社会化媒体上的好友数和粉丝数意味着该组织发布的信息的受众数量。因此，在社会化媒体上建立新的社会关系尤为重要，组织机构经常利用社会化媒体强化与受众的关系。

在社会化媒体上的关系有两类：强关系和弱关系。美国社会学家格兰诺维特最早提出了“强关系”(strongties)与“弱关系”(weakties)的概念。

强关系指的是联系比较频繁、亲切紧密的社会关系，多存在于亲朋好友之间。在腾讯QQ、微信等社交媒体上可以组建各种各样的群，如班级群、家庭群等，这些群组成员之间的关系是相对直接的、稳定的、持久的。

弱关系指的是联系不太频繁、较为边缘化的社会关系，临时组建的群，原本不熟悉的人因为共同关注某一话题、热爱某项运动、参与了某次会议进入了群里，共同讨论对某事件或现象的理解和看法，表达自己的思想和情绪。群组成员之间的关系是间接的、松散的、不稳定的，随着人们的注意力和兴趣点不断发生变化，也会随时退出该群。

在社会化媒体平台，强关系与弱关系的界限变得模糊，弱关系也可以迅速转化为强关系。现实社交需求、认同需求、利益需求、信息需求的强度也会影响关系连接的强度。

2. 连接

连接，是互联网的基本要义。社会化媒体实现了用户在线上虚拟世界与线下真实世界的连接。社会化媒体的出现是互联网发展的分水岭，将物的网络推进到人与人之间关系的网络。

尼古拉斯·克里斯塔斯基和詹姆斯·富勒在《大连接》一书中提出“强连接”和“弱连接”的概念，即“强连接引发行为，弱连接传递信息”。① 强连接是指线下的人际社交关系中，人们的连接更加真实，能够看到彼此的一颦一笑和举手投足之间的体态语言。而网络社交平台上的连接却是一种弱连接，较为典型的是游戏类的社交平台(如王者荣耀、阴阳师等)，以及婚恋网站(如QQ的陌生人交友、百合网、珍爱网等)，但在实际的网络交友过程中，人们会感觉到线上弱连接的关系更自由，比如可以迅速发展一段恋情，也可以迅速结束一段关系。

① ［美］尼古拉斯·克里斯塔斯基、詹姆斯·富勒：《大连接》，简学译，中国人民大学出版社2013年版，第153页。

3. 互动

社会化媒体是一种可以实现信息互动的媒体，以文本、音频、视频、图片等多种形式在网络社区上呈现，使网络用户与品牌、机器和社会之间实现了无障碍的交流与互动。① 社会化媒体的互动行为有转发、评论和点赞。

第一，转发。社会化媒体中的转发是信息扩散的重要手段。从表面上看，转发的是内容信息，而实质上，转发是一种自我表达的方式，以此来塑造自己的形象，借用他人的信息或观点表达自己的价值观。首先，转发行为表达的是对内容的认可。其次，转发是一种信息关系的行为，起到信息过滤器的作用。需要注意的是，转发有时只是为了换取别人的好感或维系与某人的关系，并不一定表示认同所转发的信息。例如，为了给机构、品牌、产品做宣传，通过转发争取抽奖的机会等。

第二，评论。从早期的论坛到如今的微博、微信，社会化媒体一直保留着评论的功能。评论既是表达个人观点的方式，也是与他人建立联系、引起他人注意获得成就感的途径。例如，有时跟帖评论只是为了引起对方的注意，而并非要表达特别的观点，“醉翁之意不在酒”；有时评论只有一两个字或表情符号，只是一种站队选择；有时评论者只是为了抢占留言板的“沙发”，以达到一种成就感和满足感；有时留言板会出现一模一样的评论，声称要“保持队形”，营造的是多人参与互动的气氛，具有一定的仪式感。

第三，点赞。点赞是社会化媒体产品新增的功能，也成为网络用户日常的动作，大多数用户会选择与自己相似的人或自己感兴趣的内容点赞。点赞行为就像日常生活中与人见面打招呼一样，逐渐演化成一种礼仪，成为一种连接人与人关系的纽带，可以起到润滑的作用。当然，有些点赞行为只是为了体现自己的存在感，甚至衍生出“点赞党”，点赞成为用户不假思索的习惯性动作，这种点赞行为是一种条件反射，并没有实际的意义。

（三）社会化媒体的发展

社会化媒体的发展本身意味着媒体的社会化和社会的媒体化。随着社会化媒

① 程明、钱广贵：《数字营销传播经典案例教程》，中国建筑工业出版社 2016 年版，第 15 页。

体的日益普及，整个互联网的构成基础与传播机制也发生了变化。过去，网页是互联网媒体的基础单元，进入移动互联网时代之后，人以网络节点的形式成为互联网的基础单元。其中，每一个用户作为一个节点，都可以对整个网络施加自己的影响。

在前社会化媒体时代，由于传统通信工具时空上的限制，个人很难进行大众传播。随着越来越多的社会生活和媒体报道被嵌入信息网络系统中，我们可以从社会化网络角色识别的角度来定义社会化媒体。社会化媒体能将人的社会化属性投射到互联网系统上，并形成社区互动的在线社会化网络。

20 世纪 90 年代初，随着互联网的普及，互联网成为大众传媒的一员，被称为 Web1. 0 时代。Web1. 0 时代是一对一，或者一对多进行内容的传播，这类传播通常由组织发起，相对集中化。1994 年创办的 GeoCities 和 1997 年成立的 Six degree 是社会化媒体的早期雏形。在 20 世纪 90 年代末，个人主页作为个人展示的平台变得非常流行。到了 21 世纪初，形成了具备交互性和用户生成内容等特质的社会化媒体平台，例如博客。

Web2. 0 时代，既有组织发起的集中化传播，也有个人用户发起的非集中化传播。2005 年，社交网站变得流行。随后，微博、微信、地理定位分享网站和视频图片分享网站也风生水起，尤其是 2020 年开始兴起的微信视频号。社会化媒体在功能上日益复杂细化，用户可以在同一个平台上制作分享文本、图片和视频等各类内容。另外，社会化媒体的用户定位也开始不断细分，比如基于特殊兴趣和社会职业的小众社交网站等。

社会化媒体模拟了真实的人际交往，用户可以添加自己的朋友，对这些朋友进行分类，同时把自己的隐私资料进行适当的公开和设置，让信息更加可靠。社会化媒体可以帮助人们随时记录他们的生活，有利于社会的发展，有利于人们提高工作效率。社会化媒体的出现，导致人们在现实生活中的社交愿望和社交能力都急剧下降，过于依赖社会化媒体进行非面对面的、无声的交谈，会阻碍人际交往能力的发展。躲在电脑后、通过发送即时消息或在社会化媒体上使用写评论的方式处理棘手、尴尬的问题比面对面的交涉更简单。①

---

① ［美］Erik Qualman：《颠覆：社会化媒体改变世界》，刘吉熙译，人民邮电出版社 2010 年版，第 42 页。

社会化媒体工具诞生之后，用笔记本电脑或移动设备上传评论或视频，速度十分重要。社会化媒体使顾客能够随心所欲地发表他们对产品或服务的不满。消费者的表达是毫无顾忌的，沮丧的消费者没有花时间去反复思量，而是在感到沮丧的一瞬间将自己的真实感受表达出来。公司运用社会化媒体可以很容易找到负面评价，从而为公司节省下大量时间用于解决问题。有些公司充分利用这些批评信息，按照客户要求改善自身产品或服务，增强自身的竞争力。这些公司用心去解决不满意的客户所提出的问题，从中吸取教训，将顾客的批评视为机会，向顾客证明他们愿意为顾客努力做到最好。

第二节　营销传播的转型

从传统媒体到社会化媒体，媒体的传播形态、传播方式和传播结构发生了改变，使得营销传播的形态、方式和结构也发生了变化，营销传播也从传统营销传播时代进入数字营销传播时代。

一、营销传播要素的变化

以传统媒体为主要载具的广告，也即传统的营销传播方式，其营销传播策略的执行是围绕具体的产品或者概念展开。数字营销传播时代，由于传播媒介的不断增加与相互融合，消费者接受的信息越来越多元，感知到的传播效果越来越立体。消费者已经具有相当的独立性，其需求的多样性和选择的自主性促使广告主不能再简单地解决单个产品的营销传播问题。广告主需要在成本选择与以消费者需求为主体的营销传播过程中力求平衡，使文化、符号等品牌形象能够在消费者的脑中完成系统化的建构。营销传播元素的变化主要体现在技术和渠道两个方面。

（一）营销传播技术的变化

不同于传统营销传播，算法、大数据、云计算、区块链等技术已经越来越成熟。依托这些技术，广告商或者媒体方可以将消费者的社会行为数据化，大范围的收集分析消费者的生活方式，并从数据中定位用户需求，绘制用户画像，制定满足不同消费者的个性化、差异化、碎片化需求。这种高效且易于博得消费者好感的方式，不仅能够增强品牌与市场、消费者之间的关联性，还能够极大程度巩固消费者的黏性。

（二）营销传播渠道的变化

传统营销传播，主要以广播、报纸、电视等传统媒体为主，虽然某种程度上消费者在接受信息的感知上，能够在不同渠道中实现互补，但是，由于不同媒体之间信息传播的特性不同，所以广告商一般以单个传播渠道为主或者渠道组合策略来向消费者开展营销传播活动。

随着智能手机、移动终端等数字媒介逐步深入生活，媒体融合得到了真正的实现。广告主既可以在基于消费者差异化、个性化的需求之上，为其提供一对一的精准服务，也可以利用多媒体的联动，实现品牌传播的立体化、系统化。

二、营销传播模式的变革

20世纪以前，典型的营销传播模式是通过大众媒体与被动的消费者进行单向沟通。这种营销传播模式是一种线性的传播模式，即传播者—渠道—消费者。这种模式下的广告商或者企业处于营销传播的主导地位和中心地位，消费者处于被动的接受地位。

消费者在广告商或者企业的眼中，是统一的、具有相同特征的营销目标群体。广告商或者企业以产品、品牌为传播内容，通过单一媒介或多种相互独立的媒介进行“一对多”的传播，营销传播的效果取决于广告主对媒介的选择，而不是消费者的反馈。受制于技术和市场的限制，传统营销传播的精度虽然不高，但这种线性传播模式却是传统媒体时代的典型模式。

数字技术的进步，改变了营销活动中广告商与消费者之间的地位关系，“去中心化”是社会化媒体传播的重要特性，社会化媒体成为数字营销传播的平台，广告主和消费者在该平台上能够随时完成主客体之间的身份转变，进行信息的生产、传播与接收。数字营销传播交互网状式的传播，也成为社会化媒体时代的典型模式。

在数字营销传播模式中，每个人员都是网络中的一个节点，不仅信息来源多元化，其传播也是多维度、多向度的。既然每个消费者也可以是传播者，那么在社交媒体如此便捷的今天，从“我”手上流经的单条信息，便是发散式地传向“我”的关系圈中，其信息传播的深度、广度、速度都是传统媒体传播无法做到的。

社会化媒体的信息网络由两层信息系统构成：其一，内层信息系统不仅有品牌、消费者，还有包括媒体在内的众多其他用户；其二，外层信息系统是由社交网站与外部信息网站构成的系统。① 数字技术的发展，不仅使广告商在营销传播中不断满足消费者的各种需求，同时也反过来促使了媒体的变革。企业不仅可以在媒体投放上进行多种选择，还可以通过自媒体进行量体裁衣式的传播，其反馈效果多元化、具体化，不仅能够帮助企业抓取消费者碎片化、差异化、个性化的需求，也能够及时调整营销传播的策略。

随着媒体的发展，营销传播不断发生新的变化。我们逐渐从传统营销传播“进化”到数字营销传播。

三、从传统营销传播到数字营销传播

“营销传播是指公司试图用来直接或间接向消费者告知、说服和提醒有关其销售的产品和品牌相关信息的方法。”②从某种意义上来说，营销传播代表着企业、产品及其品牌的声音，是企业建立与消费者对话和联系的工具。

传统营销传播，是基于传统大众媒体时代而诞生的，是指组织通过大众传播手段，为自身市场营销活动提供支持的过程，它是以麦卡锡的 4P（产品 product、价格 price、渠道 place、促销 promotion）理论为基础理念，以产品为导向，通过大众传播媒介（报纸、广播、电视等），向受众传递品牌信息，以达到劝服购买并盈利的营销传播活动。

数字营销传播，是指在大众媒体时代之后，利用互联网等数字信息技术，以营销目的为指向的传播过程。数字营销传播，是以舒尔茨的 SIVA（解决方案 solutions、信息 information、价值 value、途径 access）理论为基础理念，以消费者

---

① 赵琼：《基于社交媒体的品牌信息传播管理》，《中国报业》2013 年第 12 期，第 10~11 页。

② ［美］菲利普·科特勒、凯文·莱恩·凯勒：《营销管理》（第 15 版），何佳讯等译，上海人民出版社 2016 年版，第 524 页。

为导向，通过社会化媒体等向广大用户传达品牌信息，并且通过即时的信息反馈不断修正营销活动，以此来达到差异化、精准化、个性化、多媒体联动传播的营销活动。

数字营销传播顺应了时代的发展，它将传播的主导权转移到消费者手上，顾客既是信息传播的客体，也可以是互相之间进行信息传播的主体。

“广告是一种营销传播。”①从基于传统媒体的营销传播到基于社会化媒体的营销传播，营销传播正在发生着变革。我们把基于社会化媒体的营销传播称为数字营销传播。

基于传统媒体的营销传播决定了广告的运作流程是直线性的。互联网的出现，传播格局和传播生态发生颠覆性变化，伴随社交媒体的兴起和数字营销的发展，立足于传统媒体之上的营销传播发生了变革，我们已经进入了数字营销传播时代。正如暨南大学星亮教授在其《演进与阐释：营销传播学理论演进研究》一书的序言中所说：“传统广告行业在微观和宏观两个层次所发生的革命性变化，正在推动着整个行业从传统广告业向营销传播业的升级。”②营销传播进入了一个崭新的时代。

第三节　数字营销传播的定义与特征

数字营销传播是营销传播的新时代，具有不同于传统营销传播的特征。

一、数字营销传播的定义

营销传播既对企业有利，也对消费者有利，可以向他们展示如何、为何要使用这一产品，如何用，在哪用，何时用。营销传播使企业能够将自己的品牌与其他的一些人、地点、事件、品牌、经历和感觉连接起来。“通过在消费者记忆中建立品牌以及品牌形象，营销传播可以提升品牌资产，拉动销量，甚至影响股东利益。”③

① 张金海：《20 世纪广告传播理论研究》，武汉大学出版社 2002 年版，第 155 页。

② 星亮：《演进与阐释：营销传播学理论演进研究》，暨南大学出版社 2014 年版，序。

③ Paul F. Nunes，Jeffrey Merrihue. The Continuing Power of Mass Advertising［J］. Sloan Management Review，2007(2)：63-69.

由于技术和其他多种因素变化，消费者处理传播的方式，甚至他们是否选择对传播进行处理都已经发生了深刻的变化。当我们进入数字时代的时候，意味着营销传播也“跨入”了数字营销传播时代。

数字化技术是数字营销传播赖以生存的基础，自尼葛洛庞帝提出数字化猜想之后，数字化技术便开始快速发展并广泛得到运用。“数字”的概念指借助互联网技术，把语言、文字、声音、图像等信息转换为以二进制“0”和“1”为载体的符号，从而实现信息的交流，这是我们理解数字营销传播的基础前提。

数字营销传播是以各种移动数字终端为载体，以受众导向为传播理念，通过电脑、智能手机、平板等各种数字媒介，向广大受众传递产品或者品牌信息并接受来自受众的信息反馈，为碎片化、差异化的受众提供精准服务，从而实现线上与线下交互、传者与受者互动的内容营销与传播活动。

二、数字营销传播的特征

随着科学技术的发展，以互联网、数字电视、手机、平板电脑等为旗帜的互动性新媒体源源不断出现。正如美国《连线》杂志对新媒体下的定义“所有人对所有人的传播”，即是一对一、一对多、多对一、多对多的多维互动的立体传播，这种信息的传播生态和传播方式将我们从“被广告时代”带入了真正意义上的广告时代。

在社会化媒体平台上，消费者和企业处于相对平等的地位，开始了直接的对话和沟通。新媒体的技术支持更好地传达了企业的广告信息，新媒体产生的多样化内容也引起了消费者和品牌沟通的兴趣。

数字营销传播的主要特征有以下几点：

1. 从传播到沟通

自主信息传播为广告的回归扫除了障碍，我们从被广告时代进入了真正意义上的广告时代。在被广告时代，企业掌握广告传播的主导权，消费者是被传播的对象。由于传统媒体缺乏有效的互动机制，企业试图通过广告引发消费者和品牌的对话是极其困难的。同时，消费者也无法选择所接收到的信息，更没有办法对接收到的信息做出反馈。在这种环境下，广告就是单纯的信息传播，其作用就是告知。

在社会化媒体平台上，消费者和企业处于相对平等地位，开始了直接的沟通。富媒体的技术支持更好地传达了企业的广告信息，富媒体产生的多样化内容也引起了消费者和品牌沟通的兴趣。此时，广告成为企业与消费者搭讪的“开场白”，而搭讪是否成功的主动权则掌握在消费者手里。消费者可以选择自己喜欢的信息，跳过不感兴趣的内容；对于感兴趣的内容，也可以即时地做出反馈。

消费者强大的自主权力赋予了广告传播以新的内涵。自主信息传播时代的广告传播，其本质归根结底也是一种信息传播，不同的是，社会化媒体的互动机制给信息传播加载了特殊的价值。这种价值就体现在广告传播不再是单纯的信息传播，而是品牌与消费者的沟通。

这种沟通的特征是内容上的个性化与差异化，并非空泛的信息告知，而是有这样明确的指向：企业为消费者解决问题，消费者表达带有情感色彩的消费感受。消费者的每一次购买行为，本质上都存在着心理层面的需求。企业在社会化媒体平台上的一言一行都是品牌形象的展示，通过人格化的方式与消费者进行心灵层面的交流。

2. 从被动到互动

“被广告时代”之“被”的内涵，在于消费者在接收广告信息这一过程中的被动角色。前文已经提到，在大众信息传播时代，消费者无法选择接收的信息也无法做出反馈。在消费者阅读报纸杂志、收听广播、观看电视的时候，广告强制性地塞给了消费者，纸质载体上的广告永远只能阅读，通过光缆和电波传送的广告信息只能提供视听感观。消费者无法选择所接收的广告信息的种类和内容，对广告的质疑和反馈也无从表达。而自主信息传播时代的社会化媒体平台给消费者提供了质疑和反馈的机会和渠道，在广告传播中消费者的角色也悄然从被动转变为互动。

从被动到互动，首先，意味着消费者在广告的视听上有了选择的权利。在技术上，各类广告过滤软件的兴起，简易信息聚合技术支持下消费者个人定制化的消息环境，都使得消费者能够自主选择自己感兴趣的广告进行视听。

其次，对广告主而言，广告信息的精准投放和获取效果反馈的难度大大降低。在大数据的技术支持下，消费者的互动行为在网络上留下了“数字足迹”，通过对消费者“数字足迹”的追踪，每一则广告信息的“信息旅程”（诸如到达率、点击率、浏览量、停留时间等)都能被精确计算。

再者，对广告业而言，消费者的互动能力推动了广告行业的发展和进步。在被广告时代，广告主通过购买大众媒体组合来提高广告信息的接触率。而在从被动到互动的形式变化之下，通过媒介组合提高广告到达率的方式显得过于简单粗放。对于手握选择权的消费者而言，只有更加有趣、诱人的创意才能留住他们。这一转变促使营销人员必须在广告的形式和内容上推陈出新，不断推出更优的创意来引爆传播。而且，随着社会化媒体的不断发展，营销人员推陈出新的节奏也越来越快。

3. 从旁观到卷入

在大众信息传播时代，由于有限的表达和反馈渠道，消费者面对于企业的广告传播和品牌构建都只能是旁观的角色；而在自主信息传播时代，消费者的自主意识觉醒，消费者参与品牌构建的主动性和能动性都不断提高。换句话说，此时的消费者，已经从一个观众变成一个演员了，和企业一起出席于社会化媒体给企业提供品牌演绎的大舞台上。

消费者有强烈的表达欲，只是大众信息传播时代无法为消费者的表达欲提供一个合适的出口，在自主信息传播时代，社会化媒体则创造了良好的契机。消费者渴望卷入、需要参与，人人都有群体意识。炫耀与存在感，这是后工业时代和数字时代交融期在互联网上最显性的群体意识特征。人们在任何一种社会化媒体上发布消息，其本质都是炫耀与存在感。这并非人性的弱点，相反是人类自我认知、自我表达的最基本需求之一。消费者的表达所带来的强烈的参与感能带来极强的存在感，当存在感深入消费者内心之后，消费者主动表达和参与就成为一种自然，这种自然甚至不需要品牌主动去运营。表达与参与卷入让消费者感觉自己是品牌不可或缺的一部分，并成为品牌的头号粉丝。

消费者从旁观到卷入的转变，主要体现在消费者与企业、品牌的关系上。这一转变并非简单的广告形式的改变和互动频率的提高，更重要的是在新形式广告和高频率互动背后，消费者对品牌构建的卷入深度。聪明的企业知道如何“偷懒”，让消费者为品牌的发展指引方向，在品牌和产品设计之初就让消费者参与进来，与品牌建立起全面而广泛的关系。品牌的培养权力回到了消费者手中，在消费者的体验与游戏中成长代谢。

第四节　大数据与数字营销传播

一、大数据的界定与特征

（一）大数据的界定

“大数据”一词最早出现于2008年9月4日*Nature*杂志上一期以Big Data为题目的专辑之中。

目前学界、业界对大数据概念存在两个维度上的界定：一种是围绕大数据的自身特征来进行界定，例如，麦肯锡认为大数据是指大小超出常规的数据库工具获取、存储、管理和分析能力的数据集。中国传媒大学黄升民教授也同样认为，所谓大数据，是指那些大小已经超出了传统意义上的尺度，一般的软件工具难以捕捉、存储、管理和分析的数据。① 另外一种则从大数据的应用价值来进行界定。例如，SOHO中国有限公司副总裁徐晋认为，大数据是指存在价值关联的海量数据，而没有价值关联的大体量数据，只能称为“海量数据”。②

（二）大数据的特征

有关“大数据”的特征，国际数据公司（IDC）的概括最有代表性，同时也最被广泛认可，即大数据拥有4V特征。大数据的4V特征具体包括：

1. 海量的数据规模（volume）

大数据所采集、储存和运算的数据规模都是非常庞大的。随着互联网的广泛应用，网络上每天产生的数据量呈几何式增长。大数据的数量已经不能用日常使用的数据储存单位G或T来计量，大数据的起始计量单位至少是P（等于1000个T）、E（等于100万个T）或Z（等于10亿个T）。

2. 多样的数据类型（variety）

---

① 黄升民、刘珊：《“大数据”背景下营销体系的解构与重构》，《现代传播》（中国传媒大学学报）2012年第11期，第13~20页。

② 徐晋：《大数据经济学》，上海交通大学出版社2014年版，第8页。

目前，大数据的数据类型包括结构化数据、半结构化数据和非结构化数据三种。除了表格式的数据外，还包括各类文稿、网络日志、音频、视频、图片、地理位置信息等形式。

3. 快速的数据流转和动态的数据体系(velocity)

大数据的产生非常快速，并通过互联网进行高速流转。并且很多数据具有较高的时效性，其价值会随着时间流逝而不断降低，需要及时处理才能得到有效信息。因此，大数据对数据处理的速度具有很高的要求，需要对数据进行实时分析而非批量分析。数据的输入、处理与丢弃都是立刻生效，形成动态的数据体系。

4. 巨大但价值密度低的数据价值(value)

大数据蕴含巨大的使用价值和商业价值，通过大数据技术能够在营销、金融、医疗等各个领域进行深入探索并实现推动作用。但是，相对于巨大的数据体量，大数据的价值密度是较低的，被誉为“浪里淘沙”，需要利用机器算法在海量数据中深度挖掘数据蕴含的价值。

除上述的4V特征以外，我们在网络上消费、预定娱乐服务，并且逐渐习惯了这一消费方式，不仅仅是因为便利，还因为大数据的本质属性——真实性和准确性，即数据本身可以作为现实社会的镜像存在。大数据技术实现了人类社会从互联网时代的“虚拟世界”向“镜像世界”转变，人们通过对海量数据集中进行挖掘、分析与利用，就能实现大数据所具备的洞察现实、预测未来以及重复使用等一系列价值。

二、大数据带来的变革

(一)营销传播业务层面的变革

1. 传播渠道的社会化

社会化媒体是消费者大数据最重要的来源之一。社会化媒体上的用户是鲜活的、个性化的、立体的，用户在社交媒体上发表动态、上传作品、点赞转发等行为所留下的数据，包含有用户最为真实的消费倾向、个性、情绪、生活现状等个人信息。在社会化媒体上进行营销传播，有利于从与用户的交互中进行数据采集。目前，中国绝大多数广告商的消费者大数据来源于微博、微信等社会化媒体，社会化媒体作为营销传播渠道的重要性不断提升。

2. 投放目标的精准化

由于缺乏对消费者的深入洞察，传统广告依赖于大众媒体，以尽可能将广告信息覆盖到更多的消费者群体，这种粗放的投放模式必然会造成媒体资源和广告费用的大量浪费。在大数据所提供的系统化、细致化数据的支撑下，数字时代的营销传播转向了精准推送，追求营销传播的“精度”而非“广度”。广告投放方先通过大数据构建用户画像，从而找到目标消费者进行精准匹配的广告投放。

RTB 模式即是基于大数据技术而诞生的一种数字广告精准投放模式，RTB 是“real time bidding”的缩写，意思为“实时竞价”。在该模式中，互联网媒体平台作为供应方，向广告商们售卖广告展示位。供应方售卖的不是传统意义上的广告展示位置，而是访问这个广告位的具体用户及其相关数据。根据用户的地理位置、年龄、性别、消费习惯等数据，广告商可以自由选择所需要的用户进行竞价投放，大幅提升数字广告的指向性和精准度。

3. 营销内容的个性化

传统营销传播整合一切传播和营销手段，向广大受众传达一个统一的声音，大数据时代的营销传播则是向细分后的消费者群体展示个性化、差异化的内容。根据消费者群体的大数据分析结果，广告商能够针对不同消费者群体创作营销内容，融入个性化的元素，契合消费者独特的心理、性格和偏好，真正做到“千人千面”。此外，广告商通过大数据还能够对各类媒体平台的用户特征及发布内容特质进行统计分析，经过算法统计出该平台最受用户欢迎的内容特征，从而针对不同投放平台的特点进行相应的内容加工。

4. 营销环境的场景化

借助传感器与定位技术，如今的大数据已经打破了线上与线下的桎梏，并且通过移动端完成了虚拟世界与现实社会的连接与融合。大数据不仅采集分析用户在网络上的线上行为，同时也会感知用户当下所处的现实环境和应用场景，捕捉用户在场景下产生的即时需求，并且结合历史数据预测用户下一步的消费可能，进而向用户推送符合其当下实际需求的营销内容，比如当用户在晚餐时间抵达餐厅时为其推送美食资讯，或是在天气温度下降时为用户推送御寒衣物的广告。

5. 用户反馈的实时化

传统广告很难及时获取消费者的反馈信息，刊登在报纸、杂志上的广告依托于邀请用户填写反馈问卷，电视广告的收视率统计数据也具有一定的延迟性。借助于大数据技术，数字广告能够实时获取并分析全网海量用户的动态数据，接触广告的每一位用户在网络上所进行的任何操作都会被大数据立刻捕捉并形成反馈信息。广告商能够从曝光量、点击量、转发量、购买量等指标以及商品评价、用户留言等互动内容，对营销的每个环节进行实时监测，通过数据分析得出用户反馈结果，进而及时调整后续的营销传播活动方针。

（二）营销传播产业层面的变革

1. 产业生产机制由“人工智慧密集”转向“技术智能密集”

传统广告公司的业务运作流程中，市场调查、广告策划、媒体选择、广告投放以及广告效果测定这些工作，都需要依赖于广告人自身的知识、技能、经验与智慧。因此，传统广告公司争夺最为激烈的生产力资源，主要是具有整合思维或创意灵感广告人才，此阶段广告产业生产机制属于“人工智慧密集”型。

大数据时代，数据与技术成为营销传播领域最高效的生产力资源。大数据及其相关技术为营销传播领域创造了多项创新型业务，包含广告精准投放与个性化推送、基于大数据挖掘与分析的市场与消费者洞察、基于即时数据分析与处理的广告效果实时监测与广告策略动态调整，甚至还有基于各类复杂算法的策划创意等智能化内容生产。① 这些基于大数据技术的数字营销传播业务较之依赖人力运营的传统广告，在为广告主节约成本的同时也大幅度提高营销触达率，更好地满足了广告主的营销需求，受到广告主的欢迎。因此，越来越多的广告主青睐选择搭载有大数据技术的数字营销传播业务，与之有关的生产要素逐渐向大数据广告产品和服务流动。② 目前，营销传播产业的生产机制正向“技术智能密集”型加速转化。以 BAT（百度、阿里巴巴、腾讯）为首的一批互联网公司，在发展历程中积累了海量用户数据，掌握多项大数据和人工智能的相关专利技术，开发了许多基于大数据技术的产品，因而能够进入营销传播领域并占据产业优势地位。

---

① 曾琼、刘振：《计算技术与广告产业经济范式的重构》，《现代传播》（中国传媒大学学报）2019 年第 2 期，第 132~137 页。

② 马二伟：《大数据时代广告产业结构优化研究》，《国际新闻界》2016 年第 5 期，第 153~168 页。

2. 广告产业新旧主体变换推动产业格局重组

在传统营销传播时代，传统广告公司作为广告主与媒介之间的广告代理方，占据产业主体地位。当数据与技术成为营销传播产业新的核心资源与核心生产要素，拥有数据优势与大数据分析技术优势的互联网公司和计算机技术公司，迅速取代了传统广告公司在广告产业中的主体地位。大量非广告专业类的数据公司和相关技术公司，争相进入新兴的数字营销传播市场，成为营销传播产业新的主体。①

在新旧主体更替的背景下，营销传播产业的格局开始重组。由于缺乏数据与技术，许多传统广告公司面临巨大的生存危机。传统广告公司所依赖的人工操作型的传统客户代理模式，在计算技术与机器智能的冲击下，几乎所有专业优势一并消失。传统广告公司要想持续生存，必须实现“数据密集”与“技术密集”的艰难转型。② 近年来，许多曾以传统广告代理业务为核心的大型4A广告集团，纷纷收购兼并数据公司和相关技术公司，以此方式来快速积累数据与技术资源，从而实现业务转型与企业重组。比如我国最早成立的传统广告公司之一——省广集团(广东省广告集团股份有限公司)，面对行业变革的浪潮，提出了“以大数据为抓手，驱动全营销业务转型升级”的发展路线，在近十年来连续并购十几家数字营销公司和技术公司，同时与微软公司合作打造自有大数据生态平台，持续向数字营销领域转型。大数据时代，纯“代理型”的传统广告公司必将逐渐消亡，广告公司将升级为掌握大数据及其相关技术的数字营销传播集团。

三、大数据对数字营销传播的影响

理解大数据与数字营销的关系，首先需要厘清“数字化技术”与“大数据技术”的本质区别。数字化是数字营销传播的基础，数字化技术将复杂的信息转换为0和1表示的二进制代码，使信息能够在数字媒介上超时空传播。数字化后的信息形成海量数据，流转于互联网并储存于服务器和数据仓库中。大数据技术则是将这些数字化所生成的数据“再利用”，通过机器算法进行“量化”分析，挖掘

① 曾琼、刘振：《计算技术与广告产业经济范式的重构》，《现代传播》(中国传媒大学学报)2019年第2期，第132~137页。

② 曾琼、刘振：《计算技术与广告产业经济范式的重构》，《现代传播》(中国传媒大学学报)2019年第2期，第132~137页。

这些数据蕴含的客观规律和本质。换言之，数字化技术是大数据技术得以展开的不可缺少的前提之一，而大数据技术是将数字化后的信息进行“价值挖掘”，从看似毫无规律的数据中开发出新的机遇。

大数据的兴起在全球范围内引发科技与商业的变革浪潮，应用于多个行业和领域。在营销传播领域，大数据赋能数字营销传播，激发了营销传播的潜力。营销界常说：“好的营销就是把合适的商品或信息在合适的时间推给了合适的用户。”传统营销传播受限于技术能力难以洞察消费者的个性化需求以及所处场景，自然无法实现这种精确匹配的传播模式，而大数据技术则帮助营销人打破这一局限。依托互联网平台的用户大数据采集，以及大数据技术的分析与预测能力，数字营销传播能够洞察消费者的真实需求并还原消费者的时空情景，从而使目标用户、传播渠道、投放时机、传播内容四者形成良好的匹配。时至今日，大数据已经成为数字营销传播中不可或缺的组成部分，大数据技术也是提高数字营销传播效率的重要工具之一。如果没有大数据的应用，那么数字营销传播相较于传统营销传播，仅仅是将营销阵地转移到了数字平台之上，并没有功能与效果上的实质性提升。

从另一个角度来看，数字营销传播也是大数据技术进步的重要助力。一方面，数字营销传播在追求精准、高效的营销目标的道路上，不断产生新的需求，由此催生技术的进步。大数据技术服务于数字营销传播的技术需求，不断开发和延伸出新的功能，比如数字营销传播对于匹配消费者现实情境的需求催生了大数据与传感器、GPS 定位等技术的结合，形成“大数据+场景营销”模式。另一方面，数字营销传播在其运作过程中，生成并上传了海量企业数据、品牌数据、产品数据和用户数据等营销数据。如果没有这些涵盖面广泛的数据资源，便无法形成真正全面的“大数据”，大数据分析技术如果没有充足的数据资源作支撑，也无法计算得出精确的结果。

基于大数据的基本特征，传统的营销传播变革主要体现在泛形态化、资讯化以及数据化等几个方面。①

营销传播的泛形态化。数字时代的营销传播打破了不同形态之间的区隔，而大数据则进一步推进了传统广告的泛形态化发展趋势。大数据技术将所有形态的

① 阳翼：《大数据时代的营销传播》，社会科学文献出版社 2016 年版，第 109~110 页。

营销传播信息进行统一规划处理，无论是文字、音频、图片还是视频等形态，最终都处理形成数据。

营销传播的资讯化。所谓资讯，是指用户因为及时获得并利用它而能够在相对短的时间内给自己带来价值的信息。大数据时代背景下，数字营销传播拥有了同资讯一样的特性，即及时性、便捷性和有用性。大数据技术能够通过快速化的实时处理，提高信息传播的及时性；通过对信息的高效处理和整理，提升消费者获取营销传播信息的便捷性；通过对海量信息进行有针对性占有和筛选，保障了营销传播信息的有用性。数字营销传播的资讯化大幅提升了信息资源的运作效率与利用率，更好地满足了消费者的信息需求。

营销传播运作形式走向数据化。不同于传统营销模式采用抽样市场调查的方法，大数据是将人类“镜像式”投射到网络上的形态进行数据化处理，从而获取大规模数据作为营销传播的依据。大数据采取的是全样本采集和分析，其数据来源包括移动互联网、物联网、PC 端、平板电脑、可穿戴设备等各种终端和传感器，其形式涵盖电子邮件、社交媒体、网络游戏、短视频 APP、直播软件等各种网站和应用程序。消费者在社交媒体上随手发布的一则动态，在经过大数据采集和分析后，便有可能形成一则广告投放。换而言之，“大数据背景下的营销传播就是以各种数字设备和数据应用为基础的数据化运作”。

总的来说，大数据与数字营销传播之间的关系可以用“共生共进”来形容。为了更好满足人类对于营销传播的需求，大数据与数字营销传播将不断追求与探索更好的应用结合模式，促进技术的进步与功能的提升。

第二章　数字时代的内容营销

随着数字技术与互联网媒介平台的不断发展，市场营销生态及广告也发生了一系列变革。在数字时代，传统广告的单一信息诉求法则已无法适用于日益复杂的媒介环境与受众，而内容营销正是在这样的背景之下演化而生的一种营销传播形态。

第一节　从信息诉求到内容营销

一、营销生态的变化与广告变革

曾经，营销是一项极为简单的任务。一家企业，一件产品，一段宣传标语，一个营销团队，再加上几则在大众传播媒介上滚动播出的广告就能够完成。如果，消费者有深入了解或购买的需求，则让销售人员跟进，与其进行详细的沟通即可。

在新媒体的冲击之下，随着传统大众媒介的式微，基于单一信息诉求的传统广告再也无法深达年龄有差、性别有异、认知有别、需求有序的广大消费者群体。互联网技术的崛起使人们能够随时随地进入网络，瞬息之间便可以找到成千上万的备选方案。互联网、社交媒体以及数字化等技术的盛行，渗透到消费者生活的方方面面，同时也使数字时代的营销传播发生了诸多变化。

（一）营销生态的变化

1. 互联网引发信息爆炸

信息爆炸，是对近几年来信息量快速发展的一种描述，形容其发展的速度如爆炸一般席卷整个地球。互联网打破了信息生产与传播的时空限制，并且拥有几乎无限大的信息容量。借助互联网技术的发展，网络平台上每一天都会新生成海量信息，网络上的信息总数量呈几何式增长——我们将此现象称为“信息爆炸”。在信息爆炸的当下，海量并且冗杂的各种信息充斥着用户眼球，广告商发布的一条营销信息很容易被淹没在信息的海洋中，难以触达用户。用户注意力成为数字营销时代最稀缺的资源，广告商们开始“抢夺”用户注意力，致力于让自己的广告信息在用户脑海中留下深刻印象。

2. 社交媒体为普通用户提供信息传播的渠道

社交媒体突破了专业性、技术性、经济条件等门槛，让普通用户也拥有了在公共媒体发声的渠道。信息生产与传播不再是专业机构或人员的专利，传播的新常态是传播主体多元化，人人皆为信息的生产者和传播者。用户只要有一部移动端设备和一个社交媒体账号，便可以随时随地在社交媒体上发布自己的观点和想法，传播给社交网络上的其他用户。

3. 消费者拥有主动选择信息的能力

虽然目前印刷广告、电话推销、电视广告营销等方式仍然会出现在生活之中，但是随着互联网和移动端设备在消费者中间不断普及，传统主流媒体把控传播的绝对主导权时代早已成为过去。人们不再从单一线性的传统媒体(电视、广播、报纸等)获取信息，而是具有更自由的信息选择权利，从过去只能被动接受强制推送给自己的信息，到现在能够主动去互联网平台搜索需要的信息并有选择性地接收信息。在此情况下，具有主动选择权的消费者可以自主甄别、理解和接受符合自己认知喜好的信息，而不符合消费者偏好的信息则会被消费者拒绝。

(二)传统广告的变革

广告，是营销传播的关键环节，也是企业与消费者建立起关系时最为直接的联系。随着营销环境的变迁，广告形态从传统广告进化为数字广告。相对于传统广告针对单一信息诉求，以单一来源信息对消费者进行购买说服，数字广告属于多元复合信息，其经营与运作方式、信息生产和传播都发生了翻天覆地的改变，主要体现在以下几个方面。

1. 广告信息来源的变革

传统广告唯一的信息来源是广告主，消费者只能接收到广告主想要传播给消费者的信息，而无法获取更多自身想要了解的其他信息。这种广告只有单一信息来源，对于消费者而言是不完全信息，是广告主对消费者单方面的劝服。数字时代的广告则具有多方信息来源，除了广告主发布的信息外，消费者还可以获取来自“F 因素”①、其他消费者和专家等不同群体的信息，这些信息经过整合后对消费者来说接近于真正的完全信息，从而对品牌或产品形成更全面、更真实的认知。

2. 广告生产主体的变革

传统媒体时代，广告基本是由作为个体的广告从业人员或者作为组织的广告公司来完成。营销环境的变革，使各种机构、自媒体、用户等多元主体都能在媒体平台上发布内容，数字广告的生产主体不再局限于单一的企业或者广告商，互联网上的普通用户也开始参与广告的生产。在数字广告创作的过程中，专业广告人员与普通消费者之间能够进行分工协作，互相取长补短、合作共赢，生产出更符合用户个性化需求的广告。

3. 广告传播客体的变革

传统广告通常将市场上的目标消费者看作具有统一需求的整体。② 企业只需要通过电视、报纸、广播等大众媒介，向广大消费者统一进行营销传播。此时的广告传播客体是没有进行细分的用户群，无论何种需求的人们只能接收该广告的引导，是一种泛大众营销。但到了数字时代，消费者作为广告传播客体的差异化、个性化得到凸显，数字广告将消费者群体进行细分后，再根据不同群体的独特需求进行精准匹配传播。此外，数字时代的消费者群体从过去孤立的个体逐步变为聚合的、能够产生认同的、分享体验的社群，内部的声音能够影响到其他成员的判断。因此，数字广告还必须考虑到其目标传播客体所在的社群。③

---

① 指我们在做购物决定时，朋友（friends）、粉丝（fans）及追随者（followers）对我们产生的影响。

② 程明、张蒙：《从信息连接到信息融合：信息学视域下广告传播的逻辑进路》，《学习与实践》2021 年第 7 期，第 115~124 页。

③ 程明、周亚齐：《社群经济视角下营销传播的变革与创新研究》，《编辑之友》2018 年第 12 期，第 20~26 页。

4. 广告信息生产的变革

在大众媒介时代，传统营销传播中的广告是以单一或几种符号类型为主的信息生产。无论是文字、声音，还是视频，其广告均是以一对一或一对多进行劝服并达成购买的线性传播，此时的广告重点是信息的数量和表意的清晰程度。随着人工智能、大数据等技术的发展，社交媒体中的广告不再是单一的文字、图片、视频或这些信息的简单组合，而是多种信息的聚合，并且进行与用户建立关系连接的信息再生产，即内容再造。所谓内容再造，是指用户可以将广告主发布的广告信息进行更加可信、明显、有吸引力的再加工，这使得数字时代的广告能够达成广告主与消费者之间的双向互动与反馈。①

5. 广告表现形式的变革

不同的媒介载体决定着广告的表现形式，传统的大众媒体几乎没有企业与消费者的互动。尽管电视、报纸、广播等仍是营销商最为常用的广告投放渠道，但单一的视频、文字、图片等广告信息，无法有效触及已经完成从被动接受向主动获取角色转变的消费者。

大数据、云计算、人工智能等数字技术的全面渗透，使数字媒介环境凭借其互动化、精准化、差异化、碎片化等优势，能够按需定制广告，完成线上线下一体化的智慧营销。例如，已经成熟的微信微博信息流广告、H5 广告，能够进行用户行为组合的融屏广告，基于场景营销的 LBS 精准匹配广告，除此以外，还有正在逐渐发展中的“AI+短视频”广告、互动广告以及沉浸式交互广告等。这些广告表现形式是智能化技术最有效运用的传播表现，对企业而言能够大幅提高营销效率，精准、实时、主动地触及消费者，对于消费者而言能够获得最为直接、全面的广告信息，充分满足信息需求。

二、内容营销的定义与特点

在数字时代，广告被置于全新的营销环境和传播生态之中。越来越多的企业开始为消费者提供聚合性的多元复合广告信息，将传统广告信息加工成为更丰富、更有吸引力的品牌营销内容，这种现象逐渐发展形成了一种新型营销传播形

① 程明、张蒙：《从信息连接到信息融合：信息学视域下广告传播的逻辑进路》，《学习与实践》2021 年第 7 期，第 115~124 页。

态——内容营销。如今，内容营销已经成为数字时代营销传播的核心驱动力和品牌价值中的重要组成部分，为广告主提供精准、高效、低成本的营销服务。

(一)内容营销的定义

1996年，美国报纸编辑协会初次提出“内容营销”这一概念。早期的内容营销，是企业或者营销商借助于外部内容，以产品为中心展开的营销活动，也就是将产品的营销内容嵌入特定的媒介之中，即植入式营销。此时的内容营销受到媒介特点的限制，用户对于产品的直观感知大于营销活动带来的体验。

后来，内容营销发展为由专业营销团队生产内容并以消费者为中心展开的营销活动。此时的内容营销有了更强、更具体的针对性，目标群体也开始分化，不再简单粗犷。

随着技术的飞速发展，现在的内容营销早已被广泛应用于数字营销传播领域。“内容营销”这一词汇已被学界和业界熟知，但尚未有一个统一的定义，不同的专家或学者对内容营销的内涵都有着自身的见解。内容营销之父乔·普利兹认为，“内容营销是创建及传递有价值和引人注目内容以吸引现实的或潜在的目标顾客的商业营销过程，目的是促使顾客做出能为企业带来利润的行动”。① 现代营销学之父菲利普·科特勒认为，“内容营销是包含创造、组织、分配、详述过程，涉及有趣、贴切、有用的内容，目标是与特定的用户群展开有关内容的对话的营销方法”。② 前英特尔全球营销战略总裁帕姆·狄勒认为，“内容营销就是创建相关的、有价值的、具有吸引力的内容，并将其分享给目标受众，以吸引新顾客或增加现有顾客再次购买的过程”。③

从国内外学者对于内容营销的定义可以看出，几乎所有的定义都强调内容营销的核心在于创造和传播“有价值的内容”。有价值的内容是内容营销的基础，不仅包括产品、专业性的服务和品牌文化，也包括令消费者感到印象深刻、满足

---

① Content Marketing Institute. What is Content Marketing? [EB/OL]. [2021-08-01]. http://Contentmarketinginstitute. Com/What-Is-Content-Marketing/.

② [美]菲利普·科特勒、[印尼]何麻温·卡塔加雅、[印尼]伊万·塞蒂亚万:《营销革命4.0:从传统到数字》，王赛译，机械工业出版社2017年版，第103页。

③ 参见[美]帕姆·狄勒:《首席内容官》，孙庆磊译，中国人民大学出版社2016年版，引言第3页。

其需求并产生信任和分享行为的内容。

我们认为，数字时代的内容营销不是指某一场具体的营销活动，而是利用有价值的优质内容满足顾客对多种信息的需求，创造和顾客接触的机会，是一种新的营销传播形态，其目的是让顾客对内容本身产生兴趣，其本质就是创造交流机会，让顾客积极参与互动和传播，从而达成营销的目的，构建并发展双方或多方的新型品牌关系，传播与分享的内容也构成了关联品牌的重要资产。

(二)内容营销的主要特点

同传统广告一样，文字、视频、语音、图片等一切信息载体也是内容营销的表现形式，但运用这些信息载体的营销却不一定是内容营销。内容营销并不是简单地把传统广告内容移植到数字平台上，相对于传统广告，数字时代的内容营销具有以下特点。

1. 价值性

内容营销的价值性较之传统广告有所不同，是以消费者的需求为价值导向。“广告是品牌销售产品和服务所需传达的信息，而内容包含的则是客户达成自我和工作目标所需要的信息。”①换言之，传统广告以实现广告主的营销目标为中心，致力于帮助商家向消费者传递品牌、产品或服务的营销信息，重点关注消费者是否接收到了营销信息以及是否做出购买行为。而内容营销则以提供信息来满足消费者的各种需求为价值导向，能够满足消费者需求的内容才是有价值的内容。内容营销并不会直接促成销售行为，而是通过持续不断地为消费者提供有价值的内容来满足消费者的需求，逐渐与消费者建立深层次的情感、信任关系，从而最终达成营销目的。

2. 多样性

内容营销的多样性体现在多个方面，主要包括：(1)多样的内容形式与载体：H5、短视频、融屏技术、AR、VR等新兴技术大大丰富了内容呈现形式与载体，从视、听、感等方面增强了用户心中多维度的印象，构成立体化的体验；(2)多元参与主体：在内容营销的流程中，无论是内容生产、创意策划还是内容

---

① [美]菲利普·科特勒、[印尼]何麻温·卡塔加雅、[印尼]伊万·塞蒂亚万：《营销革命4.0：从传统到数字》，王赛译，机械工业出版社2017年版，第105~106页。

传播，都能够由广告方、平台方、普通消费者、KOL 等多方主体共同参与，协作完成；(3)多种信息来源：内容所传达的不再是品牌方或权威机构的单一声音，消费者通过内容能够获取其他消费者、意见领袖、品牌竞争对手等营销环境中全部参与角色的信息，全角度了解品牌或产品的真实情况。

3. 交互性

菲利普·科特勒将传统广告比拟成“广播”，而将内容营销比拟为“对话”。①这一比喻表达的是，传统广告是单一线性的传播模式，信息只能从广告方传递到消费者，广告方与消费者之间无法进行双向交流；而内容营销则是交互性的传播过程，借助社会化媒体建立起广告方与消费者之间双向沟通的桥梁，发起广告方与消费者之间的对话。这里的“对话”不是指面对面的交谈，而是广告方通过在社会化媒体上发布能激发消费者交流意愿的内容，引发消费者对内容做出回应，向广告方传达自己的观点和思想，双方在长期的交流和互动过程中加深对彼此的了解与情感连接。

4. 分享性

过去人们很少会去与他人分享一则传统广告，而如今品牌在社交媒体上发布的一则内容却能够引发人们的热议和转发的热潮，这是由于内容营销具有分享性的特点。

内容营销所生产的内容是一种社交货币，能够引起用户自发的转发分享行为。“社交货币”的概念由美国营销学家乔纳·伯杰提出，“就像人们使用货币能够买到商品或服务一样，使用社交货币能够获得家人、朋友和同事的更多好评和更积极的印象。如果产品和思想能使人们看起来更优秀、更潇洒、更爽朗，那这些产品和思想自然会变成社交货币，被人们大肆谈论，以达到畅销的效果”。②分享内容能够帮助用户建设自身的社交形象，比如分享幽默的内容能够展现用户的风趣，分享富含哲理的内容能够显示用户思想的深度。广告方可以将内容打造成符合用户想要展示的自我形象的社交货币，用户便会为了强化社交关系而主动向他人分享该内容，从而扩大内容的传播范围和影响力。

---

① 参见[美]菲利普·科特勒、[印尼]何麻温·卡塔加雅、[印尼]伊万·塞蒂亚万：《营销革命 4.0：从传统到数字》，王赛译，机械工业出版社 2017 年版，第 105 页。

② 参见[美]乔纳·伯杰：《疯传》，刘生敏、廖建桥译，电子工业出版社 2014 年版，第 45 页。

三、内容营销的分类

从内容的角度来划分，内容营销主要有三大类，即娱乐型内容营销、功能型内容营销和情感型内容营销。

(一)娱乐型内容营销

提供给消费者休闲娱乐的体验，帮助消费者打发闲暇时间。这类内容注重的是娱乐性、幽默性，为消费者带来有趣的讯息，在欢声笑语中潜移默化地传递出品牌精神与产品信息。杜蕾斯品牌便是娱乐型内容营销应用的成功典范之一。杜蕾斯的品牌微博账号近年来一直保持幽默风趣的品牌形象，持续产出带有搞笑内涵元素的作品，深受粉丝喜爱。很多消费者不愿看广告，却会主动去看杜蕾斯的文案并津津乐道，正是源于其内容的娱乐性。其发布的海报、文案看似无厘头，但实则隐含了品牌文化和产品性能信息，借此提高了品牌知名度和产品推广效果。

(二)功能型内容营销

注重内容的实用性，其所包含的信息能被用户使用或为用户提供实际帮助，进而成为消费者维持日常生活无法脱离的一部分，长期为消费者提供服务。功能型内容营销对用户的作用主要包括：(1)信息传递作用，使用户便捷且及时地了解相关事物的情况与最新进展，比如“丁香医生”在新冠肺炎疫情期间每日整理并发布国内外新冠肺炎疫情相关讯息；(2)教育科普作用，让用户通过阅读内容掌握新的知识或技能，比如佳能推出一档名为“佳能 101”的科普教学节目，教授用户如何正确运用相机设置和镜头拍出更好的照片；(3)参考指导作用，为消费者提供决策建议，比如“支付宝”APP 在理财产品板块推出“理财小黑板”栏目，可根据用户个人的资产水平、投资偏好，为用户推送适合的理财产品，并进行介绍和推荐，提供理财建议。

(三)情感型内容营销

通过刺激消费者的某种特定情绪，满足消费者心理诉求，引发消费者情感共鸣。相对于功能型内容营销针对消费者的理性诉求，情感型内容营销则注重消费者的感性诉求，强烈的情感往往能够对消费者行为产生巨大的影响作用。亲情、爱情、友情、爱国等情感是情感性内容的经典主题，比如百雀羚推出的母亲节广告片《妈妈的脸爱说谎》，通过描绘母亲为家庭无私奉献的情景，触发身为子女的每一个人对母爱的感恩之情。这类普遍性情感是人类的本能，能够引起广泛的共情效应。除了普遍性情感外，诸如追逐梦想、热爱自由、追求平等等情感主题也常被运用于针对特定目标群体的内容营销，比如内衣品牌“内外”推出的广告片《没有一种身材，是微不足道的》，唤起众多女性群体自爱、自信的积极情感；白酒品牌“江小白”在瓶身印制“经典语录”——“不做社会流水线式的产物，我们是时代的先行者”“我们不要成为马云，要做最好的自己”等，表达了年轻一代“叛逆”青年对打破规则的强烈向往。

第二节　内容生产与内容传播

内容生产与内容传播是内容营销的两大重要组成部分。内容生产是内容营销的价值来源，没有好的内容便无法达成营销；而离开有效的内容传播，无论生产出的内容如何精彩，也无法触达受众实现其价值。

一、内容生产模式与流程

数字时代的内容生产是传媒领域的社会化大生产，其生产模式与生产流程都发生了重大变革。不仅允许不同的主体在同一时间、同一平台进行内容的制作和传播，同时也打破了传统大众媒介信息生产流程的机械化、简单化特点。①

（一）内容生产模式

优质的内容生产才能带来更多的用户，带来更大的价值，并且促进营销的变现。互联网技术的不断发展，不仅使内容的来源更加多元化，并且令内容生产的主体不再局限于专业的营销团队或者媒介机构。智能设备的普及使每个个体都拥有了利用媒体进行自主选择、表达自我的权利，全面生产的时代已经到来。现阶

① 王太星：《论融合发展时代的新媒体内容生产》，《出版发行研究》2019 年第 12 期。

段的内容生产主要包括以下几种形式。

1. BGC 模式：brand generated content

BGC 模式即“品牌(企业)生产内容”。BGC 的内容生产主体是品牌自身，由品牌方主导设计和发布原创内容。这类由品牌方原创的内容，可以更好地把握主题方向，表达品牌深层次的精神内涵，向消费者传递品牌价值观。众多知名品牌都拥有自己的内容创作团队，深度研究如何将品牌文化、品牌理念融入内容之中，创作蕴含品牌价值的广告作品。

2. PGC 模式：professionally generated content

PGC 模式即“专业生产内容”。PGC 的主体是具有专业性的专家，他们在某一领域具有专业身份(资质、学识)。品牌可以邀请在某领域比自己更具有发言权的专家来产出内容，由专家来为用户提供更具权威性的内容，以转化或吸引更广泛用户的关注。知乎平台上的许多大 V 是某些领域的专业人士或资深爱好者，这些大 V 便是典型的 PGC 代表。许多品牌会在知乎上物色并委托相关领域的大 V 对自己的品牌和产品进行评测及推广，比如华为和小米等数码科技品牌在新品发布前都会邀请知乎数码领域大 V 提前试用新产品并发布体验评测。

3. UGC 模式：user generated content

UGC 模式即“用户生产内容”。UGC 的生产主体是普通的用户，社交网络上的任何用户都能够参与内容创造。零门槛限制让用户获得发挥能力、表达自我的机会，可充分调动用户参与内容创作的积极性，用户生产内容的形式非常广泛，除了用户制作的广告作品外，消费者的在线评论、转发、弹幕、留言、购买评价、体验分享等，都属于用户生产内容范围。

用户生产的内容从普通人的视角出发，往往更贴近普通用户的现实生活与真实情感，更能打动消费者的心灵，对于消费者来说也往往更有说服力和可信度。此外，用户生产的内容能够借助用户的社交网络进行传播，用户既是受众群体又是传播渠道，有机结合了媒体传播渠道和人际传播渠道，大幅提高了传播效果。

4. PUGC 模式：professional user generated content

PUGC 模式即“专业用户生产内容”。PUGC 是 UGC+PGC 相结合的内容共创模式，多方内容生产主体相互配合。PUGC 模式不仅有着 UGC 内容的广度，同时还拥有 PGC 内容的专业深度；PUGC 中的专业用户既是平易近人的普通消费者，也是具有专业能力和粉丝影响力的“半专业人士”。

在PUGC模式下，品牌方、平台方、用户共同承担着内容生产的任务，组成了一个共生的群落。平台方会在普通用户中选拔一些具有培养潜力的对象进行包装和打造，给予这些用户专业技术、创作资金、平台流量等方面的支持，将其培育成为具备专业知识和技能、影响力更大的内容创作“达人”。品牌方则在投放平台挑选符合需求条件的“达人”用户，委托其创作内容来为品牌做营销。小红书便是PUGC模式盛行的平台之一，小红书将众多素人用户培育成“网红”博主，这些“网红”平日里会和普通用户一样在小红书上分享自己的日常，在接到品牌的商务推广活动后则会创作相关营销内容发布于自己的社交账号主页。

(二)内容生产的流程

内容的生产相对于传统广告制作更为复杂，涉及细分受众群体、媒介平台选择、多元生产主体等诸多因素，因此需要进行详尽的生产流程规划，有序执行任务。内容生产的流程主要分为以下四个步骤。

1. 确定内容生产目标

品牌在进行内容生产规划时，第一步是确定内容生产的目标是什么。设定目标是内容生产的起点，只有跟随正确的目标方向才能创造出成功的内容。

设定内容生产目标需要明确以下三个方面问题：

(1)为何而生产内容？生产者先需确立本次生产内容的首要目的是什么，比如是要塑造品牌文化，或是吸引潜在顾客，抑或是与忠实用户加强感情等。

(2)为谁而生产内容？生产者需要明确品牌内容的目标受众是谁，具有怎样的特点和需求。

(3)生产何种内容？生产者需要预设向受众传递什么样的信息，结合品牌的营销目的与受众的需求，选择内容的类型和风格等要素。

2. 建立内容生产规划

在确定了目标后，便可以依据目标建立内容生产规划。建立内容生产规划的目的，是为了实现最大化的品牌资源利用和高效率的内容生产过程。内容生产规划涉及内容标题、内容类型、内容受众角色、内容生产者、内容篇幅、内容叙事风格、创建日期及发布日期等，是在正式进入内容生产流程前就要明确的生产指南。

在建立规划前，先要明确品牌有哪些可以利用的内容资源，创建品牌内容资产清单并进行实时更新，以便更好地运用内容资源指导内容生产。

内容生产规划需要细致到每一天的生产任务规划，建立具体的任务推进日程表，让所有参与者都能知道要在何时执行怎样的工作，便于监督生产进度的推进，保障内容生产任务按时按需、保质保量完成。

3. 组建内容生产团队

内容生产工作需要多种职能人员的合作，包括主题专家、调研人员、文案人员、平面设计师、视频拍摄团队等。此外，内容生产团队中可能既有公司内部团队，也有外包代理团队，甚至包含互联网上的普通用户。在复杂的成员组合情况之下，团队成员之间的沟通和反馈变得愈加重要。各个内容生产团队和人员之间需要定期召开会议，同步进度，统一方向，交换资源和灵感创意，促进更好的协同合作。

4. 管理和评估内容生产

为了保障实际的内容生产过程符合规划目标，在内容生产正式进入制作流程后，需要对制作流程进行管理。广告企业通常会设立专门的内容经理，负责全程监督管理内容生产的具体操作与进度推进。借助现代化技术，许多大型营销公司采用自动化的工具来管理大规模内容制作流程，内容制作的进度会实时同步于公司内部网络平台，由数字智能系统进行自动追踪。

在内容制作完毕后，还需要对内容成品进行评估，看是否符合生产目标和生产规划，如存在问题则需要进行返工修改。

5. 上传并发布内容

在内容创作完毕并通过评估标准后，即可上传网络并进行内容传播分发，这一环节通常会交由专业的内容传播团队来执行。

6. 整理并共享内容包

生产完成后的内容除了在当期进入传播渠道以外，还可以进行重复利用或在原内容基础之上进行再创作、再拓展。企业可以整理归纳创建内容的“主题”“受众”“主要元素”“生产具体流程”等描述形成列表，将内容收纳入公司的内容资源库，与其他生产团队共享使用，便于未来的资源查找与利用。①

---

① ［美］帕姆·狄勒：《首席内容官》，孙庆磊译，中国人民大学出版社 2015 年版，第 106 页。

二、内容创意与创意引爆

从传统广告时代到数字营销时代，即便在形式、形态和内涵上发生了各种变革，但创意一直是广告不变的核心。在内容生产中，精彩的创意依然是内容引爆的关键因素，与时俱进的创意思维也依然是广告人的看家本领。

（一）数字时代的内容创意实质

一件产品、一个品牌或者一个企业，想要在消费者心中留下难以磨灭的印象，那么它一定要有一个触达消费者"味蕾"的东西存在，这个东西区别于其他共同的存在，要么是其本身的特质，要么是营销商基于消费者需求，组合媒介技术带来的令人耳目一新、印象深刻的内容创意。

创意，这一概念发轫于广告，运用于广告，成熟于广告。①

内容创意，就是广告内容的不寻常内容，是广告取得预期效果的灵魂，也是数字营销时代广告最为核心的竞争力。内容创意，并不一定要求绝对程度的原创，只需将用户的需求作为前提，以一个创新且有趣的话题或者形式将品牌的内容融入进去，使内容具有品牌独一性即可。②

社会化媒体的出现，给予了内容创意更多的表现可能性和选择可能性，增加了交互感和临场感的体验。传统媒体广告，依赖于传统媒介的公信力，是单向度、线性的诉求创意，对于大众是一种立足于市场的垂直吸引力；而社交媒体广告中的内容创意，是网状多元的双向互动传播，对于社交媒体用户而言，能够在内容的深度、广度及社会性上产生不同以往的效果，是一种面向差异化、碎片化需求用户的水平连接力。

技术的支持，不仅使营销商能够在内容的来源、形式、信息、载体等方面产生新的想法，更可以通过社会化媒体建立起营销商与用户、用户与用户之间的多种联系。数字时代的内容创意，亦是多种内容、多种形式和多种关系相互共融的结果。

---

① 丁俊杰、陈培爱、金定海等：《广告学概论》，高等教育出版社 2018 年版，第 162 页。

② 丁家宜市场中心：《内容创意以用户为基础 营销要有人情味》，《声屏世界·广告人》2016 年第 10 期，第 39 页。

（二）数字时代内容创意引爆的方法

随着媒介技术不断进步，传播载体、传播特点、传播效果都形成了新的变化，内容在创意制作和传播过程中也更加关注受众在营销传播中的主体地位，并期望集结庞大受众群体的力量来为品牌进行营销宣传。数字时代的创意不仅要牢牢抓住用户的注意力，更是要通过创意引爆用户的传播、分享、参与与再创造，获得最佳的营销效果。

1. 挖掘内容蓝海

人类的天性便是对新颖的事物感兴趣而对重复性的事物感到乏味，也更乐于向他人分享新鲜事物。因此广告方需要通过创新性思维的运用生产新颖的、差异化的创意内容。数字时代网络上已存在大量同质化内容，广告方要杜绝千篇一律的内容生产，挖掘那些无人涉足或尚未饱和的内容领域，即内容蓝海。内容蓝海可以是别出心裁的表现风格或是令人耳目一新的呈现形式，也可以是被大众忽视的小众文化等。

2. 借助时事热点

社交媒体时代，人们会自发地在网络上对一些社会重大事件或话题进行搜索、讨论和转发，从而形成网络热点。企业可以借助这些热点所自带的巨大传播力和影响力，通过创意的手法把自身品牌的产品信息或品牌理念巧妙地融入社会性热点话题中，从而为内容增加媒体曝光度和社会关注度，扩大传播范围。比如里约奥运会期间，天猫专门开设了一个#天猫超级运动会#话题，中国国家队每获得一块奥运金牌，天猫便发布一张与该夺金项目相对应的创意海报，借助奥运会的国民关注度提升自身热度。

3. 加入分享元素

社会化媒体的兴起，使用户作为传播主体的意识和欲望不断增强。用户在接受内容的同时，也希望完成“分享”的诉求。通过在内容中设计一些能够引发人们分享和参与行为的元素，一方面可以引起用户自发参与内容的传播，使内容获得大量曝光，提高品牌知名度；另一方面还可以通过参与和互动过程，增加用户对于产品或者品牌形象的好感度和忠诚度。

我国月饼品牌华美月饼，便是通过在创意设计中融入分享元素，举办了多场引爆用户参与分享的内容营销活动。例如，2014 年华美推出了一款“会说话的月饼”，在月饼礼盒上印刷一个二维码，购买月饼的送礼方用户在扫码后可以录制一段中秋祝福语上传网络，而收货方通过扫码可以进入华美设计的品牌微信公众号 H5 界面收听对方的祝福语，这种祝福语传递的过程即是一种内容分享的过程。该营销活动在微博曝光量达 2.8 亿次，活动参与量 11 万人次，这种引爆效果既来源于新颖的创意形式，更归功于创意中所包含的分享与参与元素。

4. 邀请用户共创

单一个体的创新思维是有限的，而群体的智慧是无穷的。在内容创作过程中，借助社会化媒体平台的开放性与互动性，品牌方可以主动邀请用户参与内容创作，发挥广大用户群体的智慧，集思广益，获取优秀的创意和思路。例如，英特尔曾推出视频创意大赛，通过提供各种奖励，让用户参与为英特尔拍广告；酷6网与伊利、爱国者、联想、摩托罗拉、微软等知名企业联合举办了视频大赛，其中的优秀作品具有很高的热度。这些源自用户群体中的内容创意，往往更能贴合普通用户的心理，结合广告方提供的强大技术、平台等资源，双方能够合作创作出超越性的创意作品。

三、内容传播

生产出有价值、有创意的内容只是成功营销的第一步，在当下信息爆炸的传播环境中，每天都有无数内容在互联网平台上生成，再优秀的内容也有可能被淹没在信息的无边海洋里。因此，内容营销需要通过内容传播来发挥和传递内容的真正价值，广告主需要通过合适的内容传播让消费者发现自己的产品或者品牌。内容传播主要分为内容分配和内容推广两个环节，先选择内容分配的媒体渠道，再通过该渠道面向用户进行内容推广。

(一) 内容的分配

媒体是内容通往消费者身边的渠道，内容传播首先需要选择内容分配向哪些渠道。内容营销可以使用三类媒体的组合实现内容合理有效的分配：自有媒体、付费媒体和获得媒体。①

① [美]菲利普·科特勒、[印尼]何麻温·卡塔加雅、[印尼]伊万·塞蒂亚万：《营销革命 4.0：从传统到数字》，王赛译，机械工业出版社 2019 年版，第 113 页。

1. 自有媒体(owned media)

品牌的自有媒体包括旗下的企业官网，以及微信公众号、微博账号、短视频账号等社交媒体平台账号。

自有媒体渠道完全被品牌方所掌控，品牌可以随时通过自有媒体发布内容。一般而言，自有媒体的传播受众都是忠诚的品牌现有粉丝或者想要了解品牌的交易客户。在自有媒体分配内容的主要目的就是与这些核心用户和边缘用户保持长期的联系，建立稳固的关系，增强用户黏性并提升品牌忠诚度。自有媒体的劣势在于，受限于受众的单一性，单凭自有媒体的内容传播很难拓展全新的用户资源，因此需要利用付费媒体和获得媒体来为自由媒体引流。

2. 付费媒体(paid media)

指品牌为了分配内容而支付使用的媒体，数字营销中的付费媒体包括搜索引擎的推荐、付费的社交媒体投放和移动广告媒体等。

广告主根据自身需求与媒体平台签订合同，根据投放媒体对内容达成的曝光次数、转化率等指标付费，或者为内容购买搜索推荐位置和用户推送次数。一般而言，付费媒体被用来挖掘新的市场，开发潜在客户，为自有媒体带来流量，扩大产品或者品牌的知名度。在付费媒体投放中，具体的用户选择和监测权都由媒体平台方掌握，广告主的自主权会相对降低。

3. 获得媒体(earned media)

包括品牌通过网络口碑或者用户自发分享所获得的曝光和普及。① 在获得媒体中，消费者即是媒体，消费者即是渠道。

当内容具有分享和传播价值时，用户便会通过自己的社交关系网络对内容进行二次甚至多次分享，借由用户的社交网络扩散，形成良好的口碑和强势的曝光。获得媒体是品牌需要日积月累形成的媒体资源，这一过程往往需要自有媒体和付费媒体的互补协助，帮助品牌吸引并笼络一批喜爱品牌内容并乐于分享的用户。

企业在进行内容分配时，需要基于内容特点、渠道特点和目标受众渠道使用特点来建立内容分配渠道方案。根据不同渠道的功能与传播特性，合理选择与搭

---

① [美]菲利普·科特勒、[印尼]何麻温·卡塔加雅、[印尼]伊万·塞蒂亚万：《营销革命 4.0：从传统到数字》，王赛译，机械工业出版社 2017 年版，第 114 页。

配以上三种渠道，发挥各类渠道的最大效用。

(二)内容的推广

在选定内容分配的媒介组合后，下一步需要在媒体平台上进行内容的推广，使内容传播到更大范围，触达更多目标用户。随着数字技术的成熟和用户碎片化、差异化的需求变化，目前主流的内容推广模式包括算法推广和社交推广两种。在现实的应用场景中，广告方通常会同时结合运作这两种模式来协同完成精准、高效的内容推广。

1. 算法推广

依托大数据、云计算和人工智能等技术的算法分发模式是内容推广最为精准的模式。一方面，媒体平台会全面收集用户在互联网上有意或无意间留下的“痕迹”，包括个人基本信息、所处地理位置、消费信息、媒体使用记录、内容浏览记录等多方面的数据信息，然后将这些数据进行系统化的分析，形成用户画像。用户画像由大量的“标签”所组成，每一个标签通常是人为规定的特征标识，用高度精练的特征描述一类人，如年龄、性别、兴趣偏好等，比如一名哔哩哔哩(简称B站)上的女性用户可能在后台用户数据库中被标有“女性”“学生党”“追求时尚”“热爱美食”“喜欢韩剧”等标签。

另一方面，广告方也会为自己所发布并需要推广的内容选择内容分类标签，或者由平台方的内容审核人员或人工智能系统来添加。同一个内容通常会有多种类型的标签，比如B站上介绍世界各地美食的内容可能会同时有“美食”“科普”“海外”“旅游”“探店”等标签。

在进行内容算法推广时，平台智能系统将不同形式、不同类型、不同维度的内容对与其标签相匹配的用户群体进行定向推送。依靠算法进行的数据化分析是个动态连续的过程，并且根据用户不断变化的使用习惯和碎片化的实时需求进行调整，形成“千人千面”的内容推广。

2. 社交推广

通过社交媒体平台的人际关系网络实施社交推广也是一种重要的推广渠道。随着微博、微信、短视频等社交媒体覆盖越来越多用户的生活，社交媒体上的内容通过互动网络逐渐去中心化，每个用户不仅是广告的受众，同时也成为广告的传播主体。

社交推广的核心是借助品牌粉丝和社群的力量，品牌的忠实粉丝及社群成员更容易进行内容的点赞和分享，推动内容扩散，打造网络口碑，创造内容的蜂鸣效应。在内容推广中要注重品牌粉丝的培育和维护，构建优质社群，利用品牌所积累的粉丝和社群力量，在社交媒体上实现内容传播范围的扩大以及影响力的提升。

利用社交媒体平台上的 KOL 进行内容推广也是近年来越来越热门的社交推广手段之一。KOL 意为关键意见领袖(key opinion leader)，通常被定义为：拥有更多、更准确的产品信息，且为相关群体所接受或信任，并对该群体的购买行为有较大影响力的人。社交媒体上的 KOL 在社交媒体上拥有一定数量粉丝，聚集有一定的关注者和粉丝群体，具有特定领域较高的影响力，比如 B 站上的 UP 主、淘宝直播的带货主播、微博上的网红大 V 等。广告主通过与相应领域的 KOL 进行商务合作，请 KOL 在其社交媒体账号发布或转载品牌内容，为品牌进行营销宣传。由 KOL 所发布或转载的内容通常都会获得较高的播放量、转发和评论，推广的力度远超普通用户。

第三节　内容营销的策略

作为新兴的营销形态，内容营销在不断的发展与探索过程中初步形成了自身独特的策略体系，主要由吸引力策略、连接力策略和共情力三个部分组成。

一、吸引力策略

数字时代，用户注意力资源变得愈来愈稀缺，各个品牌所发布内容之间的竞争日益激烈，吸引力在营销传播中的作用越发凸显。正如长篇文章的开头必须让消费者感兴趣才能继续浏览全文，内容营销需要具备吸引力，才能为后续进一步营销策略的开启做铺垫，从而充分发挥内容的全部价值，实现营销目标。因此，吸引力策略是内容营销的首要策略。

在传统广告营销的语境中，吸引力被视为广告吸引消费者注意的能力。从路易斯提出的 AIDA 推销模式，到研究消费者行为模式的 AIDMA 模型、AISAS 模型，广告对消费者心理的研究总是以吸引消费者的注意力(attention)为起点，然后再推及后续的了解、购买和分享等行为。进入数字营销时代后，菲利普·科特勒将“AIDA 模型”丰富为“5A 模型”：了解(aware)、吸引(appeal)、问询(ask)、行动(act)、拥护(advocate)。在“5A 模型”中，“了解”和“吸引”仍然是消费者后续意愿和行为产生的重要先决条件，表明了实施吸引力策略的必要性。

传统营销中的吸引力策略便是围绕消费者的注意力来开展，基于消费者心理和行为机制，通过创造刺激消费者生理及心理的信息来尽可能攫取消费者的注意力。在这种单向刺激的模式下，消费者常常会被一些自己完全不感兴趣的广告强制吸引目光，有时候营销效果可能适得其反，比如早年间的一些魔性洗脑广告引起消费者的反感与抵制。

与传统营销不同，内容营销的吸引力策略并不是以吸引消费者注意力为核心。在内容营销的吸引模式下，消费者不再是客户群体中无差别的刺激目标对象，而是具有独立人格的、具备思想的、鲜活的、身处于社会关系当中的个体。内容营销的吸引力策略，是通过内容展开与品牌和消费者之间的平等交往过程，满足消费者个性化的需求和渴望，输出品牌价值观，使消费者在感受到尊重与满足的同时，自然而然被品牌吸引，产生接触品牌、亲近品牌的欲望，进而与消费者建立并保持长期亲密与信任的关系。

实施吸引力策略有以下二种常用方法：

1. 塑造品牌人格

在人与人之间的交往中，人们更容易被与自己志同道合、兴趣相投的人所吸引，想要与之深入了解和交往。对于品牌来说亦如此，品牌也有自己的独特理念与价值观，消费者会更倾向于亲近与自己理念相契合的品牌。品牌可以通过内容营销来塑造自己的品牌人格，将品牌精神内核融入内容并进行传播，讲述品牌故事，将品牌独特的个性形象深深地植入消费者的心智，吸引与品牌具有相同理念、共同想法的消费者。

2. 提供个性化内容服务

在由价值观、社区、连接和技术构建的数字时代中，消费者在营销传播中的主体意识得到觉醒并不断增强。在营销服务过程中，消费者希望自己作为“人”的个性与独立性能得到尊重，相比“千人一面”的营销服务，更希望能获得差异化的对待。

通过为消费者提供个性化的内容服务，更能让消费者为内容所吸引。许多品牌会为用户提供精确到个人的定制化内容服务，比如游戏平台 Steam 会定期向用户发送邮件，在邮件中根据用户平时玩游戏的习惯和偏好，向用户介绍和推荐几款符合其喜好的新上市游戏。对于千篇一律统一发给所有人的推销广告，人们可能完全没有兴趣点开，而这种针对个人特性而生成、定向推送的个性化内容，则会更有兴趣浏览。

3. 关注细分人群和小众圈层

在普世的价值观和消费需求之下，不同的消费者群体也具有不同的内容需求和媒体使用习惯。如老年人、残疾人等特殊群体以及亚文化圈层的需求就需要进行差异化关注和针对性处理，定制生产符合这些特殊群体或圈层所需求的内容。

此外，一些小众圈层长期被主流所忽视，渴望得到理解和认同。品牌通过内容表达对这些小众圈层文化的尊重与认可，并借助自身的影响力，帮助这些小众圈层走进大众视线，让小众圈层中的消费者对品牌产生兴趣和好感。如江小白在品牌内容中融入大量“嘻哈”文化，并通过举办嘻哈音乐节等活动，助推嘻哈文化的传播与复苏，由此引起众多嘻哈爱好者对江小白品牌的关注，其中有部分嘻哈爱好者被成功转化为江小白的品牌追随者。

二、连接力策略

数字市场的新变化带来了互联网下连通一切的逻辑，借助数字技术建立起品牌、信息与人的多方广泛连接，并将其转化为数字网络上的一个个节点，形成连通性的价值网络。高度的连通性的实现要求内容营销必须具有连接力策略，通过内容连接品牌与消费者，共同参与品牌的发展。

连接力策略主要有以下三种形式：

1. 以信息为媒介的连接

信息连接是最表层的连接。在信息连接中，品牌通过信息流通渠道实现与消费者之间的触达与互动。一方面，品牌方为消费者提供其需要且想要了解的信息；另一方面，品牌方能够全面收集消费者的反馈信息，从而形成品牌与消费者之间双向的信息交流与交换，建立以内容满足消费者信息诉求为基础的信息连接。

内容的异质性和丰富性是提升信息连接强度的两大要素：内容的异质性强调信息的差异性和原创性，要求品牌具有一定的内容原创能力，不能照搬他人的内容资源；内容的丰富性则强调信息的广泛和多元，要求品牌不能长期发布内容重复的单调性内容，而要有不断地变化、拓展和创新。

2. 以需求为媒介的连接

以需求为媒介的连接，是根据由消费者的生活方式、兴趣圈层、经济属性所生成的消费者画像，结合品牌自身定位与资源，生产满足用户个性化需求的内容，提升品牌与消费者的互动精度和连接效率，建立强有力的品牌黏性。需求连接相对于信息连接层次更高，也更为稳固。

品牌内容不仅局限于满足消费者对于商品和服务的需求，而是要包含消费者生理和心理上的多元需求。品牌内容既要在日常生活中帮助消费者满足基本的生理需求、安全需求，也要长期探索如何助力消费者实现社交需求、尊重需求和自我实现需求等高层次需求。最终养成消费者对于品牌的需求依赖，使品牌及品牌内容成为消费者生活中不可或缺的一部分，从而与消费者建立强有力的连接。

3. 以情感为媒介的连接

情感连接则是更高维的连接层次，能够把繁杂的信息和企业的内容资源变成可以和消费者进行沟通的语言并展开有效的对话，在对话中实现品牌和消费者的彼此了解，建立互相信赖、内涵深远的品牌关系，构建多节点、多中心的全面关系网络和更高层级的连接。

在连接力中，信息和需求连接是一种外在连接，而情感连接则是更深层次的内在连接，这种深层次连接的实现，需要在长时间的交流与互动中培养而形成。品牌只有坚持长期用心为消费者生产内容，以内容来向消费者传递真情实感，才能赢得消费者的情感回报，在日积月累中成功建立双向的情感连接。同时，情感连接在建立后需要维护保持，否则消费者对于品牌的情感会随着时间推移而淡化直至消失。品牌方需要通过内容与消费者进行长期且持续的情感交流，在与新用户发起对话的同时，也要定期与老用户沟通。

三、共情力策略

在内容营销的三大策略中，吸引力策略是内容营销发生作用的前提，连接力策略是产生连接、建立价值传递渠道的基础，而共情力策略则直接指向了内容营销的根本价值和结果实现。

共情是一种在人际互动过程中出现的心理状态。共情并非“同情”，也不能被简单地视为产生感情。共情是由人本主义心理学创始人罗杰斯提出的概念，他将共情定义为一种“能够感知和体验他人世界”的能力。共情包含了认知和情感两大要素，认知要素是认识对方观点并产生理解情绪的过程，情感要素则是基于认知基础上发生的与他人情感分享的状态。

在内容营销中，共情力策略是指通过内容引发品牌与消费者之间的共情，既能够在认知上与对方达成共识，又能在情感上与对方分享自己的真情实感并理解对方的感受。在高度共情的状态中，品牌方与消费者能够真正彼此理解，彼此认同，彼此尊重，彼此信赖，形成亲密无间的稳固关系，达成品牌方与消费者之间最理想的状态。这种状态的实现可以说是内容营销追求的终极目标。

加强共情力主要有以下三种方法：

1. 情感细分加深内容感染力

人类的情感是复杂而细腻的。心理学家 Ekman 与 Friesen 提出人类有六种基本情感，包括快乐、悲伤、恐惧、惊讶、愤怒和嫉妒。而这六种情感可以相互组合，派生出各种复合情绪，比如抑郁、压抑、兴奋等。除了基本情感外，人类还具有友情、爱情、爱国等高层次情感。

在内容创作中有针对性地融入某种具体且真实的情感，更容易击中消费者内心的情感触点，唤起共情。因而内容生产方需要对目标用户的情感发起深入探究并进行详细的情感区分，精准把握用户隐藏在内心深处的真实情感，将内容与目标用户鲜明清晰的情感需求相结合，设计出能够打动人心、产生共鸣、引导共情的优质内容，并引导用户在购买行为中实现情感的释放和精神的满足。

2. 参与互动分享情绪价值

在当下的数字环境中，共情有两种不同的方式：围观共情以及参与共情。在围观共情中，用户扮演旁观者的角色，身处事件的外围而非中心，仅是因为受到事件波及而产生情感，这种共情是间接感受而非直接体验。在参与共情中，用户是事件的直接参与者，这种情感的产生是在直接的对话、交流与行动等互动形式中产生的，这种共情因其切身性和临场感而具备更加深刻和深远的情感体验，因而由用户参与和互动引发的共情成为内容营销更为追求的一种情感体验。

为了引发更为深刻的“参与共情”，品牌方需要通过内容引导用户与品牌进行互动，为情绪共享创造空间和条件，推动用户在互动中共享情绪并互相认可。在品牌与用户互动所引发的共情中，内容所承载的品牌理念与用户的个人思想之间实现了情绪上的共享与交流，从而有助于共情的发生。

3. 适配场景凸显共情效应

“情由境生”“触景生情”，场景能够带来身临其境的沉浸式传播。场景中的“场”指物理意义上的所处空间，而“景”则强调物与物、人与物、人与人的交互和结合，包含了丰富的人物情感和情绪渲染能力，天然地具备鼓励认知同化和引导共情产生的优势条件。在营销过程中将内容与场景适配，能够更好地引发共情效应。

品牌方需要根据用户生活习惯所构建的基础场景来精准抓取其特定需求，创造并分发与用户日常生活行为习惯相贴合的内容；根据用户身处的空间场景来塑造适当的内容，为用户提供服务价值；根据用户的实时物理状态传播与消费者行为场景相契合的内容，提供个性化的信息服务；根据用户深层次的心理状态拉近与用户的心理距离，激发情感共鸣，提升品牌情感附加值。

第三章　社群与社群营销传播

随着移动互联网的发展，人类突破了时间和空间的限制，实现了人与人、人与物、物与物的万物互联。互联网的自由与开放使得具有相同文化特征、兴趣爱好和价值观的人们得以自发的交往和聚集，通过交流形成了一个个具有归属感和共同价值观的社群。社群的崛起对社会产生了广泛的影响，释放出巨大的群体力量和群体智慧，并引发营销理念和营销传播方式的变革。

第一节　社群的定义、特征与分类

社群的定义和内涵是我们分析社群营销传播的前提。早期对社群的定义和互联网时代网络社群的内涵不同。

一、社群的定义

(一)社群的内涵

英文“community”一般被译为“社群”或“社区”。“社区”这一概念进入社会学视野是 1887 年德国社会学家滕尼斯的《社区与社会》(*Gemeinschaft and Gesellschaft*)一书的出版。滕尼斯在该书中提出了“社区”的概念，即人与人之间所形成的亲密关系和对社区强烈的归属感与认同感。[①] 20 世纪 20 年代，美国社会学家把滕尼斯的社区“gemeinschaft”译为英文的“community”，并很快成为美国

① 廖杨：《民族·族群·社群·社区·社会共同体的关联分析》，《广西民族研究》2008 年第 2 期。

社会学的主要概念。

早期社会学对于社群的研究主要围绕现实社会生活中的社群而展开。在20世纪90年代，随着互联网的出现和发展，现实社群逐渐向网络虚拟社群延伸。网络的连接力冲破了人类交流的重重障碍和屏障，人们从之前封闭的个人世界里走出来，在全球性的网络大环境中结识陌生人，分享兴趣和经历，与世界联通。网络延伸了人们的社交半径，基于虚拟网络的社会互动促成了一个个新的群体组织的诞生。在这种背景之下，越来越多的学者将研究视野转向了网络社群的研究，本章所研究的社群即是指网络社群。

从概念的衍生来看，网络社群(virtual community)由美国学者霍华德·瑞恩高德(Howard Rheingold，1993)首次提出，他将网络社群界定为一群借由网络彼此沟通的人们所形成的彼此认识、分享知识和资讯并如同对待友人般彼此关怀的团体。在霍华德·瑞恩高德看来，网络社群包括三个基本要素：网络空间、公众讨论、人际关系。首先，社群活动的开展是在网络虚拟空间中进行的；其次，社群参与者主动地进行话题、情感或知识的分享与讨论；最后，参与者们经过长期的讨论与交流所形成的各种关系。①

尽管不同的研究者从不同的视角对网络社群进行界定，但大多围绕着瑞恩高德提出的三要素中的某一个或几个要素而展开。本书将网络社群界定为：在网络空间中基于共同的目的，通过频繁互动与交流所形成的具有统一价值规范和行动能力的共同体。

首先，网络社群是基于特定时空，即虚拟网络空间的一种群体组织，是区别于现实社会中的群体组织形式而存在的，同时基于网络空间的特性，网络社群中成员的互动交流可以跨越时间和空间的限制。其次，网络社群成员之间的交往和关系形成是基于其成员之间的持续互动而完成的。最后，网络社群在其形成和发展的过程中逐渐形成了社群内部独有的价值观和群体规范，在某种情境下，为了某个社群目标的达成，还会形成统一的行动力。

(二)社群的演化与发展

1. 互联网诞生之前

① Rheingold H. The Virtual Community：Homesteading on The Electronic Frontier[M]. MIT Press，1993.

人类自诞生起便处于群居状态。在互联网诞生以前，社群的发展历经了漫长的岁月，从原始社会由血缘关系而结成的部落，到封建社会基于血缘、地缘关系而形成的“宗族”。到了近现代社会，融入民族特性和亚文化特征的“族群”得以出现。随着城市化的发展，基于地理相近的城市化“社区”开始形成，并随着城市化的发展而逐渐成熟。

2. PC 互联网时代

互联网的崛起为人类展开了一幅全新的生活图景，互联网的自由与开放使得具有相同文化特征、兴趣爱好和价值观的人们得以自发的交往和聚集，通过交流形成了一个个具有归属感和共同价值观的群体，使“物以类聚，人以群分”真正成为可能。这种开放、互动的网络环境使得人与人之间的联系更加紧密，而这种紧密联系导致的结果就是一个又一个网络社群的诞生。

早期的网络社群有电子布告栏(BBS)、留言板、讨论区、即时通信、博客等。到 21 世纪初，国内外社区网站尤其是 SNS(社会性网络服务)得到迅猛发展，如国外的 MySpace、Facebook、Twitter 等，以及我国的天涯社区、百度贴吧、豆瓣网、人人网、新浪微博、微信、知乎等。PC 互联网时代的社群主要表现为以兴趣图谱和社交关系为主要特征，实现了人与信息的连接，人们通过信息进行互动，形成了早期的网络社群。

3. 移动互联网时代

网络的出现使社群得以产生并得到普及，而催生社群迅速爆发的，则是随着移动互联网时代的到来，社群彻底突破了时间和空间的限制，极大释放了社群的能量和价值。

“连接一切”成为移动互联网时代的鲜明特征，移动互联网实现了人与人、人与商品、人与服务的全面连接。当它与智能终端、即时社交、位置服务等软硬件结合后，实现了从信息分享向生活服务的延伸，线上与线下得以完美融合，为人与人交互提供了全面便捷的服务和体验，使人们的社会生活全面“社群化”。

二、社群的主要特征

基于互联网而产生的网络社群，其核心特征主要体现在以下几个方面。

（一）情感性

社群是建立在情感连接的基础之上的，用户基于共同的文化、价值观、兴趣爱好而聚集，通过互动交流形成了一个属于他们自己的“组织”，这个组织在某种程度上成为他们的情感归属地。他们之所以会互动、参与或者购买，是基于对社群成员以及社群组织的情感联系及信任。社群从本质上来说是情感关系的集合体。网络中的个体通过互动交流产生了情感关系和情感体验，良好的情感体验促使其形成对社群的价值认同和归属感，同时，这一过程又构建了社群成员与社群更为紧密的情感联系，形成良性循环。

在传统营销时代，企业或商家需要花费大量的营销费用和营销活动来建立产品/品牌与消费者的联系，这种单向的、自上而下的信息传播方式不仅费时费力，而且有时候营销效果并不尽如人意。而社群时代的营销则不然，社群在成员聚合和形成的过程中就已经天然地建立起了情感关联，这种情感关联的产生，不是依赖于营销推广手段直接的作用，而是来源于社群本身的日常互动和交流。

（二）自组织性

从系统论的角度看，网络社群中的个体在社群互动中形成了一定的集体意识，每个人具备不同的知识背景和专业技能，在共同的目标之下，通过超越时空的网络连接，社群成员就能自发地分工协作，各展所长，完成既定的任务，并且可以不断演化出新的规则应对内外部环境的变化。

自组织性是社群的核心特征之一，亦是社群价值最大化的力量源泉。社群是一个平等的、去中性化的组织，这极大地激发了社群成员参与的积极性与群体智慧。用户可以通过协同、扩散参与到产品的生产、设计以及营销传播中，参与价值共创。消费者的参与能让企业更准确地把握消费者的需求，满足消费者的个性化需要，同时消费者的口碑传播有助于企业营销信息的传播、分享和扩散，并逐渐吸引更多的消费者参与到企业的价值创造中。

（三）再生产性

再生产性是由自组织性衍生而来的社群的又一特征。再生产就是不断反复进行的社会生产过程。互联网是一个高度去中心化的网络，社群组织的互动机制不是自上而下、一对多的直线传播，而是社群成员之间横向、交互的网状传播，强调的是去中心化。由于社群成员具备不同的知识背景、社会资源，在社群互动过程中，信息、资源不断被激发、整合，通过社群内部的自组织性，社群成员协同进行价值的再创造和再生产，对社群进行价值反哺。

社群的自组织性与再生产性是相辅相成的。当社群发展到一定阶段，就能通过自组织实现自我运作，一个自组织的最佳状态应是统一、协作且高效的，只有在这一状态之下，社群成员才能有效地参与到产品或内容生产的各个环节，最大化地发挥社群成员的主动性和创造性，通过高效协作，激发集体智慧，实现对社群的价值生产。

(四)垂直性

社群的垂直性特征是指社群一般只专注于某一方面的领域。社群是一群有着相同兴趣爱好或需求的个体的集合，比如百度贴吧、豆瓣小组就是典型的按照兴趣爱好进行分类而形成的社群。基于垂直性这一特征，社群中的成员因为具有相同的兴趣爱好或需求更容易产生互动和交流，也更容易形成情感共鸣。

每一个社群都有着其独有的社群标签，因而，每一个社群的属性和需求都会有所不同。社群聚合着具有某种相似属性特征的人群，这一特征也为产品设计、生产、营销等环节提供了较为明确的目标群体。牛津学者詹姆斯·哈金在《小众行为学》里预示了小众市场的来临，社群“人以群分”的特性表明每一个社群就是一个小众市场。随着社群的迅猛发展，社群的属性和种类也将越发多元化。生产企业需要做的就是如何生产出满足特定社群成员需求的产品，营销者需要思考的是如何与特定的社群成员展开对话、引发共鸣。

三、社群的分类

关于网络社群的分类，研究者们因研究目的和角度不同而采用不同的分类标准，主要有以下几种类型：

(1)根据社群对成员需要的满足可将社群分为兴趣社群、关系社群、幻想社群和交易社群四类。兴趣社群将分散的、有共同兴趣或某方面专业技能的人聚集在一起；关系社群提供给有相似经历的人们聚集在一起、建立有意义的人际关系的机会；幻想社群提供给人们探寻新的幻想和娱乐世界的机会；交易社群主要服务于参与者之间的资源交换。①

(2)根据社群目标是否利润最大化和社群关注对话还是信息传递两个维度，将社群分为：帮助社群、价值交换社群、粉丝俱乐部、防御组织。②

(3)依据社群成员心理活动将社群分为：情感表达类、性心理类、娱乐心理类、消费心理类和黑客心理类。③

(4)根据社群的定位和属性将社群分为：产品型社群、兴趣型社群、品牌型社群、知识型社群和工具型社群。④

第二节　社群的形成机理

社群在形成的过程中，连接是前提，内容是入口，互动是社群存续的必要条件，社群发展的核心是情感-信任体系的建立，这也是社群得以长久发展的重要保障。

一、社群形成的前提：网络连接

互联网解决了人与人之间的连接问题，是现代信息社会形成的基础，也是社群形成的前提条件。

在网络时代以前，人们之间的关系建立在血缘、社会交往的基础之上，这种关系牢固但却局限。此时的信息获取主要依赖于人际传播和大众媒体传播，往往受到地理、时间、人际交往范围等方面的限制，在关系的数量上、丰富性上显得不足，人与人之间的关系构成较为简单。

---

① Hagel J, Armstrong A G. Net gain: expanding markers through virtual communities[J]. Journal of Interactive Marketing, 1999, 13(1): 55-65.

② Szmigin I, Canning I, Reppei A E. Online community: enhancing the relationship marketing concept through customer bonding[J]. International Journal of Service Industry Management, 2005, 16(5): 480-496.

③ 谢泽明：《网络社会学》，中国时代出版社 2002 年版，第 95~96 页。

④ 孔剑平：《社群经济：移动互联网时代未来商业驱动力》，机械工业出版社 2015 年版，第 24 页。

数字的连接力冲破了人类交流的重重障碍和屏障，人们从之前封闭的个人世界里走出来，在全球性的网络大环境中结识陌生人，分享兴趣和经历，从而衍生出更为广泛、更为丰富的关系。尤其是社交媒体的出现，使人们的社交半径得到了极大地延伸，也加深了人与人之间的情感连接，人们在网络虚拟空间里抒发感怀、展现个性、交流兴趣并分享生活，分散的个体逐渐走向了聚合，形成了社群。互联网技术改变了人类信息交流与分享的方式，网络中的每一个节点之间每一次的连接，都是一种关系的建构，由此促成了超越于血缘、社会交往关系之外的，基于网络虚拟关系的人与人、人与物、物与物之间新型关系的形成。

二、社群聚合的内容

在一个社群形成的过程中，内容是入口，有趣或有价值的内容才能吸引人们的眼球并引发情感共鸣。涂尔干在宗教仪式研究中，认为在场的仪式参与者通过对共同的“神圣物”的关注而形成仪式效果。柯林斯在互动仪式链理论中所提出的“共同的关注焦点”与涂尔干的观点不谋而合。在一个社群中，共同的关注焦点可理解为社群内容或话题。

社群互动产生的前提条件是社群成员的信息浏览行为，在其浏览信息的过程中，某些内容吸引了其注意力，并带来了短暂的情感刺激，这种情感反应会延续到下一阶段的互动中。社群内部会不断地产生新的内容信息，这些信息的生产，一方面来自社群的运营者；另一方面来自社群成员自身。社群的存在与维系的基本要素便是内容，为此，作为社群的运营者，为了能够保持社群的活跃度和生命力，就必须及时提供新的内容产品，吸引社群成员的关注，引发话题和讨论。同时，基于互联网开放性和互动性的特征，社群成员不仅仅是信息的接收者，同时也是信息的生产者，尤其是有着相关专业背景和影响力的意见领袖者，他们所发布的内容信息往往有着较高的质量，能引起共同的关注。

同时，当成员在浏览某一则信息内容时，还会产生情感反应，如果这种情感反应是积极的，则会产生正面的心理反应，当这种情感反应比较强烈时，便会产生分享与交流的欲望，即拥有了互动的欲望。因此，若要使得后续的互动行为产生，对于信息内容的质量就有了较高的要求，某一则优质的内容信息，会引发社群成员的集体注意，此时，社群便有了共同的关注焦点，这将促进情感分享与交流的行为产生。

三、社群的持续互动

社群互动是社群得以存续和升华的必要条件。社群的生命力和活力在于其内部的持续互动，没有互动和交流，社群内部成员的情感关系便无法建立，更不能持续和长久。

柯林斯指出，互动仪式形成的起始条件之一是“人们将注意力集中在共同的对象或活动上，并通过相互传达而彼此知道了关注焦点”。① 社交媒体的强交互性使得基于其平台之上的社群满足了这一条件。与一般的社交平台用户不同，社群中用户的符号资本更为强大，互动性更强，通过相互传达关注焦点，从而彼此知道了关注的焦点。同时，社交媒体所具有的互动性特征为用户提供了对焦点进行讨论和评论的渠道，引发情感交流，共同的情感和体验得以分享，为仪式形成提供了另一条件。

值得注意的是，虽然社群成员对于共同关注焦点的认可度和参与度更高，但这需要一个前提，即社群的内容信息对社群成员而言必须是有价值的、高质量的，且这种价值内容的提供需要源源不断，否则成员就会转而寻找更能符合其需要的组织，造成社群成员的流失。社群内成员的持续互动是产生社群情感的重要途径，深入而频繁的互动将有助于“弱关系”升华为“强关系”，使社群内的情感纽带更为坚实。作为社群的创建者，应该有意识地发起某些话题，抑或通过某些激励措施调动成员的积极性，使社群内部始终保持一种活跃的状态。

四、社群情感—信任体系的建立

社群成员的聚合只是基础，并不是所有的社群都能长久，也并非所有的社群最终都可以实现其价值。在社群形成之后，考验的是社群运营者的运营能力。社群的存续和发展需要通过社群运营实现社群内部情感的升华，对社群初建的连接关系进行强化和巩固，形成情感—信任体系。

社群情感—信任体系的构建是一个动态性、累积性的发展过程，一般遵循“技术连接—情感连接—情感依恋”，最后形成情感—信任体系的发展路径。

---

① ［美］兰德尔·柯林斯：《互动仪式链》，苏国勋译，商务印书馆2009年版，第86页。

首先，是基于互联网而产生的技术连接。互联网的产生使得现实情境中的人们得以突破时空的限制，在虚拟的网络空间中与他人连接，但是技术产生的连接关系只是基础，连接关系的两端对彼此的了解有限、交流有限，因而这种连接关系可能会随时断开，也有可能延续和发展。

如果基于技术产生的连接关系得以延续，即被连接的个体产生了互动、交流，那么就进入情感连接的阶段。马斯洛需求层次理论指出，人们在获得了生理需要和安全需要的满足后，便进入到高层次的需求阶段。人类对孤独感存在着天生的恐惧，现代社会的人们在现实世界里找不到倾诉的入口，便会在网络上寻求同类，他们借助于互联网技术与他人得以连通。这种情感动机还会促进个体在群体中主动的互动行为，通过互动获得认同、支持，实现情感的满足。在这个阶段，网络用户在与他人持续的互动中不断加深了解，产生了情感共鸣，技术连接便进阶为情感连接。

随着社群成员之间的交流频率、交流深度的不断提升，情感关系不断加深，由此产生情感依恋关系。依恋的产生能够为个体提供安全感和安慰，通过依恋他人我们不再是一个孤单的个体，而是一个融入了集体的社会人。情感依恋的产生将促使社群成员主动地、积极地与他人进行互动，以融入群体满足自身的情感需要，这对于社群的持续互动和生命力延续有着重要意义。

当社群成员对社群产生了情感依恋，他们便会持续、积极地构建与其他成员以及社群之间的情感关系，社群内部情感关系日益亲密，于是产生了社群信任。社群成员原本属于陌生人关系，随着成员之间交流的深入，彼此了解加深，逐渐由陌生人关系发展成为“半熟人关系”抑或“熟人关系”，当社群成员彼此熟悉、熟知，同时具有情感依恋时，社群信任产生，社群信任包括成员与成员之间的信任以及成员对社群组织的信任，这是构成社群社会资本的核心要素。在心理学中，信任是一种稳定的信念，维系着社会共享价值和稳定，是个体对他人话语、承诺可信赖的整体期望。社群信任表现为社群成员对其他成员及其组织的言论、行为的信赖，具体而言，他更容易相信社群内部成员的推荐和评论，并影响其实际的购买、参与行为；更愿意接受和信任社群组织推出的产品或服务。在商业领域，信任是交易的前提，因而，社群情感—信任体系的形成对社群价值变现有着重要的作用。

通过对社群情感—信任体系构建过程的梳理我们可以发现，持续互动是社群深化和发展的根本。如何保持社群的持续互动，并在这个基础上引导社群往积极的方向发展，这考验着社群运营者的运营与组织管理能力。如何提高互动质量？如何保持社群的活跃度？如何吸粉、留粉？如何增强社群凝聚力？如何发挥社群自组织性？这些都是社群运营过程中的关键问题。

第三节　社群的营销传播策略

到了互联网时代，网络的开放性和去中心化让消费者与消费者、消费者与企业之间得以自由连接，我们的营销对象已经发生了变化，既有针对消费者个体的营销，也有针对社群的营销，这种新型的连接关系促成了真正意义上消费者群体的形成，并对营销传播产生了深刻的影响，产生了新的社群营销传播策略。

一、产品与营销的合一策略

互联网时代，产品成为连接的中介，用户因为对产品的认同和偏好而聚合成社群，好的产品将为企业带来可观的用户和粉丝群体。混沌学园创办人李善友认为，产品和社群是互联网时代的二向箔。① 因而，企业在互联网时代的生存方式是打造产品型社群，通过优秀产品去网罗粉丝，形成社群，通过社群的持续互动带动产品销售，从而实现价值变现。

社群的出现在某种程度上实现了产品、用户以及社群三者之间关系的再造。社群是用户的集合体，产品是社群成员的连接体之一，用户因为产品而聚集，通过互动形成社群，因而，产品型社群运营，必须以产品为基础，以“好的产品”为营销传播环节做背书，实现产品与营销的合一。

一方面，在产品的生产设计上要注重消费者需求的变化。如今，产品与消费者之间不再只是单纯功能上的连接，消费者开始注重附着在产品功能之上的情怀、价值观、魅力人格等情感因素。产品是刚需，而情感是强需。因此，在互联网时代，产品的功能属性与情感属性一样重要。在互联网时代，企业若想让顾客满意，其中一个重要的途径就是通过改进产品、服务及形象等，提高产品的总价

① 李善友：《产品型社群》，机械工业出版社 2015 年版，第 214 页。

值。首先，产品功能必须超过消费者预期，能让消费者产生较高的满意度。功能需求是消费者对产品最基本的需求，互联网时代，产品同质化现象越来越严重，消费者疲于面对眼花缭乱的品类和产品选择，如果产品功能能超出其预期，消费者便会自发围绕产品而聚集。其次，互联网时代的产品还必须具备情感功能，承载情怀和情趣。企业在开发、设计产品时需要注入人性的关怀，用情感链接人与产品。当产品被赋予情感，便具有了人格化特征，能让消费者在产品使用的过程中产生愉悦的情感体验，这种情感体验将会转化成一种情感依恋，增强产品黏性。

另一方面，要善于挖掘产品的故事性与话题性。亚历克斯·博古斯基(Alex Bogusky)曾提到当产品最终上市营销的时候，可能出现四种结果：一是产品没有故事，营销也没有故事；二是产品没有故事，营销编了一个故事；三是产品有故事，但营销讲的是另一个故事；四是产品有故事，营销把它唱成了一首动听的歌。① 最理想的结果当然是最后一种，当产品和营销同时发力时，企业才能获得成功。产品在到达消费者手中的那一刻即已开始了营销之旅，消费者的使用体验将在网络平台上进行扩散、分享与传播。产品本身有引爆点，能带给消费者极致的体验，便能引发消费者的自发传播。如可口可乐在瓶身上大做文章，陆续推出了昵称瓶、歌词瓶、台词瓶等个性瓶身，这些歌词、台词、昵称都来自于年轻人耳熟能详的网络热词、流行歌曲和热门电视剧，使产品具有了与生俱来的话题性，一经推出便在社交媒体上产生话题并引起关注。

对于传统企业而言，企业与用户的关系自产品售出后便结束。而网络时代，企业与用户的关系在产品售出后才刚刚开始。② 产品的使用者或者潜在购买者将会因为这一产品而在网络世界里聚集，使用者会分享使用体验，潜在购买者会询问产品信息，获取使用评价。好的产品是产生传播内容的基础。互联网时代，优质的内容将产生巨大的价值，不仅赋能传播，而且成就营销。对于营销来讲，就是用户的口碑，社群内的口碑传播是基于一种强关系的传播，信任感强，更容易扩散，能量巨大。

① 参见［美］亚历克斯·博古斯基、约翰·温莎：《自营销：如何传递品牌好声音》，闾佳译，浙江人民出版社 2012 年版，第 18 页。

② 李善友：《产品型社群》，机械工业出版社 2015 年版，第 130 页。

二、以社群用户为核心的策略

社群时代的来临，对习惯于传统针对个体的营销者们提出了新的挑战。个体的社群化是互联网未来发展的趋势，如何创建社群、运营社群将成为企业获得成功的关键。基于社群的特性和传播特征，企业在进行社群运营时，要秉持以社群用户为核心的策略，具体来说要把握以下几个方面。

首先，用户是社群的根基。社群是用户彼此关系的凝结，因而运营社群就是在运营用户，就是经营用户彼此的关系。互联网时代，用户成为企业重要的战略资产，企业之间的竞争已经由产品竞争上升为争夺用户资源的竞争。在过去，企业最看重的是产品价值，所有的经营活动都围绕着如何提高边际收益，以获取更高的产品销售收益展开，这是产品逻辑下的商业思维模式。但是到了互联网时代，用户价值对于企业的重要性越来越高，企业纷纷争夺入口，抢占流量。先抢占用户资源，再思考商业变现，这是对传统商业思维模式的颠覆。社群时代，企业与用户之间是一种协同式的伙伴关系。企业在运营社群时要摒弃传统以自我为中心的思维，注重与用户关系的建构，以平等、尊重的态度去面对用户，建构良性、友好的关系。相应地，用户也会报以热情和智慧，通过共享与协作，结成伙伴式的信任关系，为产品背书，促进企业发展。

其次，要建立社群共同的核心价值观，这是连接用户的根本。从社群的本质来看，社群是基于共同兴趣和价值观的用户聚合体。社群成员通过长期的、持续的互动和共性行为形成了一定的社群文化，价值观是特定文化的核心所在，因而，对社群认同的最高层次即是对社群价值观的认同。社会认同理论认为，个体在进行群际比较时，常常偏向于内群体，表现出一种“内群体偏好”。当一个社群拥有了价值观一致的坚定拥护者时，就能通过内群体偏好维持社群成员的忠诚度。因而，企业在社群创建之初就要有明确的目标，建立清晰的社群价值观，有明确的态度和主张，打造独特的“魅力人格体”。将自己的理念、主张传播给用户，得到用户的认同，才能吸引用户加入社群。价值观的趋同是社群生命力的核心，所谓道不同不相为谋，一个社群只有成为志同道合者的价值观同盟，才能获得长久的生命力。

再次，要注重发掘和培养社群核心成员。社群运营需要有一批核心用户，这些核心用户是社群起步的基石。凯文·凯利(Kevin Kelly)曾提出任何创作艺术作品的人，只需拥有1000个铁杆粉丝便能糊口。① 粉丝即是某一产品或人的支持者、爱慕者。对于社群而言，粉丝就是其核心用户，他们是社群的坚定追随者，并能通过其自发的传播，扩大社群的影响力。如小米手机的100位天使用户，他们是MIUI的首批测试人员，亦是小米社群的起点。这些早期的用户通常是产品的“死忠粉”，他们对产品极度偏爱，会多次购买并主动推荐给朋友。核心成员往往充当着社群中意见领袖的角色，他们对于产品或品牌的观点对其他成员有着极强的影响力和说服力。他们积极的购买行为、口碑传播、参与协作有着较强的示范与带头作用，是社群发展的重要推动力。

第三，要保持社群的持续互动。交流互动是提升社群活力、深化社群关系的重要途径。社群的存续来自于互动，没有互动和交流，活跃度低的社群最终将面临“解散”。在一个社群中，社群成员通过互动而产生情感联系，一旦这种互动的频率降低甚至为零，那么用户对社群的情感纽带将会断裂，结果就是用户的流失。运营社群要学会玩“参与感游戏”，让用户始终处于兴奋状态，通过参与形成互动，通过互动形成黏性。

三、参与、协作与共享策略

随着科技的发展与社会形态的变迁，在互联网时代，人们的需求与欲望发生了变化，消费者的消费理念和消费认知都发生了极大的转变。克莱·舍基(Clay Shirky)把人们参与生产创造的动机归为参与行为本身带来的满足感和效能感，以及网络媒介和社交工具赋予人们参与创造的可能性。② 消费者的消费理念从最早的功能式消费，发展为品牌式消费，再到体验式消费，如今，已经进入参与式消费阶段。这种消费理念的变迁也影响着营销理念的变革，企业需从以往以自我为中心的单向传播转变为与消费者进行价值的协同共创。

到了网络社群时代，消费者与消费者、消费者与品牌商彼此连接，消费者有机会通过协同、扩散深度参与到企业的产品研发设计、营销传播环节之中，参与

① [美]凯文.凯利：《技术元素》，张行舟等译，电子工业出版社2012年版，第86页。

② [美]克莱·舍基：《认知盈余》，胡泳、哈丽丝译，中国人民大学出版社2011年版，第82~85页。

式消费是整个消费理念的革命，消费者的消费需求从围绕产品本身的物化需求，演变为基于产品的社会性需求，即希望通过参与、协作与共享来获得更高层次的心理满足。社群时代的商业模式，是由用户主导的C2B模式，企业与消费者的关系逐渐由单向的价值传递转变为双向的价值协同。互联网时代，企业必须抛弃传统以自我为中心的思维，要让用户参与到产品创新和品牌传播的各个环节之中。

在产品的设计与生产环节，新时代的消费者群体更希望参与到产品的研发和设计之中，希望产品能体现自己的独特性，满足自身需要。过去的企业产品决策权来自于产品经理和企业管理者，而如今，这种权力发生了转移，消费者掌握着产品的生杀大权。如果企业没有注意到这种改变，那么将极有可能面临失败的风险。借助于社交网络和大数据技术，企业获取了大量的用户反馈信息和数据，这些数据即代表着用户的需求，企业应对这些数据进行分析，辅助商业决策和产品设计。如今，由产品最活跃的使用者所推动的“领先用户创新”正在颠覆传统的“公司中心型创新”。“公司中心型创新”是一种以企业为中心的模式，而如今这种模式已经不适应消费环境的变化，让用户参与产品研发，贡献智慧，与公司协同创新已成为互联网时代企业生存的重要方式。

在营销传播环节，传统媒体时代消费者的口碑传播在深度和广度上都极其有限，但到了互联网时代，消费者的口碑传播将产生巨大的影响力。企业不再是品牌的唯一创造者，品牌正在被广大的消费者通过分享产品体验、网络搜索和对话交流所重新定义。① 媒体不再是信息唯一的生产者和传播者，原来作为信息接受者的消费者成为信息的中心。消费者不再是传播的终点，而是信息传播网络中的一个节点，消费者既接收来自各方的信息，同时也在制造和传播信息。企业和品牌商不再像以往那样操控着传播资源和信息生产，由品牌主导消费行为的时代正在远去，传统的自上而下的品牌塑造方式受到了消费者自我意识觉醒的巨大挑战。在这种背景之下，品牌想要得到消费者的认同，最好的办法就是让消费者参与品牌塑造的全过程，与消费者形成良性互动，由消费者自发地、主动地助力品牌传播，使营销效果得到最大程度的释放。

① 程明、薛海霞：《自主信息传播时代品牌“制度化”的颠覆与“新制度化”的建构——从垂直设计到交互设计》，《现代传播》2016年第6期。

第四节 社群运营与社群经济

社群聚合了大量基于共同兴趣和价值观的用户，以用户为中心的社群运用才能使社群得以持续性发展，而社群经济就是围绕用户的需求提供产品和服务，从而实现盈利。

一、社群运营的基础

并非所有的社群都能实现商业价值的转化，社群的商业价值变现需满足一定的基础条件。目前，社群变现的外部技术条件已经具备，且发展得较为成熟。但是，内部条件如产品/内容价值、社群情感认同度及信任体系则因为社群运营情况的不同存在着差异，这些因素的发展情况直接影响到社群经济的效益。

(一)技术基础

社群变现的技术基础包括两大类，一是支持其创建和运营的平台；二是支持其完成在线购买的平台。

首先，创建和运营平台，包括互联网技术、社交平台等。互联网的本质是连接，即将网络中分散的个体连接到一起，而社交平台则是经由网络连接的个体聚合的场所。随着互联网技术的发展，目前已经进入移动互联网时代，移动互联网可以随时随地产生连接，使社群沟通更加通畅和便捷。同时，社交平台的发展日趋成熟和多元化，除了传统的微信、微博平台，同时也诞生了许多自建垂直类APP，成为社群互动、沟通、营销推广的平台。社交平台的普及与功能的完善，一方面为社群的成员聚集与运营带来了便利；另一方面也在一定程度上助推了网络社群整体规模的增长。

其次，在线购买平台，主要是在线支付系统。社群经济效应的实现最终还需靠成员的消费行为。尤其是社群线上产品/内容的销售大多是在线购买，这就需要支付和交易平台做基础。社群的交易平台主要依靠第三方，主要的支付交易平台有支付宝、财付通、微信等。目前，移动支付、小额支付系统日趋完善，社群成员的在线购买行为变得更加方便、快捷，一旦有了购买欲望，可即时支付、即刻完成购买行为。

(二)情感认同

社群模式与传统商业模式最大的区别就在于其真正拥有了用户，这种拥有是基于情感的认同，是超越了简单社交层面的一种更深层次的关系。如前文所述，社群是情感关系的集合体。在长期的互动与交流中，社群成员之间的情感关系得以建立、发展和深化，最终形成情感认同。当社群成员对于社群的认同感建立起来，便会产生“内群体偏好”，即成员所持有的一种认为内群体在各方面更优秀、更积极的倾向。社群的认同度越高，社群成员对社群越忠诚，社群的凝聚力就会越强，群体团结得以实现。

一旦社群认同感建立，成员会主动想要拥有与该“社群标签”相关的一切，并愿意为此付费。如人们主动想要成为社群成员，因为拥有社群的成员资格能拥有一种身份优越感；想要拥有社群的产品，因为可以满足自身的需求、更好地融入社群；想要参与社群活动，因为可以在活动中更好地互动，增进情感，获得情感满足……因此，社群情感认同一旦建立，社群的商业变现便水到渠成。

(三)信任体系

商业的核心是交易，交易的前提是信任，而社群将信任成本降到了最低。社群经济的核心在于信任和共同的理念或者爱好，而信任是社群经济成立的核心要素。社群是基于共同兴趣和价值观的用户集合体，是对传统人际关系的重构，衍生出了介于“熟人关系”和“陌生人关系”之间的“半熟社交关系”。通过社群内部长期的互动与交流，社群成员之间越来越熟悉和亲密，人们建立了超脱于现实的新型信任关系。与纯陌生人关系相比，人们更愿意相信社群内部成员的意见和信息分享。规避风险是人的本能，陌生人之间难以产生交易，因为缺乏信任基础，害怕欺骗。而社群能够实现价值变现正是基于成员之间已经建立起的信任关系。

信任是社群最大的财富，尤其在网络的虚拟世界里，信任的价值更是弥足珍贵。凯文·杰克逊在《声誉管理》一书中首次提出“声誉资本”的概念。声誉资本是一种无形资产，包括真诚、信任、尊重等，在实际的商业关系中，声誉资本成为决定性因素，比任何有形资产更为重要。

（四）内容/产品价值

价值是人类生存与发展的动力源，价值理论指出，任何社会事物的运动与变化都是以一定的利益追求或价值追求为基本驱动力。因此，在社群商业中，内容/产品能给成员带来的价值感越高，就越能促进购买行为的产生。

社群的产品提供主要有无形的内容和有形的产品，如罗辑思维、吴晓波频道这类知识型社群，主要提供的就是内容产品；小米手机这类产品型社群，主要提供的就是实物的产品。无论产品的形式如何，产品本身的价值是促使交易产生的驱动力，因为社群成员购买产品是为了满足自身的需要。在互联网时代，我们常常会提到"用户体验"，即用户在使用产品过程中建立起来的一种纯主观感受。作为社群的运营者，应当向成员提供更好的、超越期待的用户体验，如此，才能实现社群经济的良性循环。

二、社群经济的内涵

传统社会学概念中的社群并不具备商业属性，无论是现实中的社区还是网络中的社群，它们构建与存在的目的并非为了商业目的，而是用于日常的情感交流、分工协作，社群并未与商业交易结合，因而有社群，而无经济。

互联网技术的不断进步与社交平台的迅猛发展，带来了社群爆发式地增长，社群的商业价值逐渐凸显，为社群与商业化的结合带来了契机。

首先，是技术的驱动。4G 技术、5G 技术等使得连接速度加快，互动与分享不再仅仅局限于文字，用户体验得以提升。移动互联网使用户可以随时随地连接，互动彻底突破了时空的限制，极大地扩展了社群功能，产生了更为丰富的社交关系。在虚拟的社交网络上，每个人都是一个节点，通过连接与互动，构建着个人的虚拟关系网络。

其次，社交平台的迅猛发展推动了社群数量的急速增长。社交平台是社群得以创建、发展的土壤。综合性、垂直型社交平台的迅猛发展，满足了用户多样化的社交需求。社交媒体的出现，极大地拓展了人们的人际交往圈，也加深了人与人之间的情感连接，人们在网络虚拟空间里抒发感怀、展现个性、交流兴趣并分享生活，志同道合者则可迅速集结，形成社群，如豆瓣兴趣小组、知乎、百度贴吧等。

最后，是网民参与的主动性增强。互联网的快速发展，为用户构建了一个参与表达、沟通分享的交互环境。用户可以将自己原创的内容通过互联网平台进行展示或者提供给其他用户，用户既是内容的生产者，也是分享的提供者。随着网络技术的发展，在线工具拉近了人与人之间的距离，促进了更多亲密的网络关系形成，共享、共创与协作在 8 小时的工作时间之外得以实现，大量的“认知盈余”得以聚合，形成了人类社会的宝贵财富。互联网平台的自由和开放极大地释放了人的交流欲望，集结了人的智慧，网民可以更多地参与信息、产品的创造、传播和分享，这也为社群的商业变现奠定了基础。

互联网技术的进步推动着社群的演变，移动互联网的发展促使社群功能不断延伸，社群价值得以凸显，社群的概念逐渐从社会学领域扩展到经济学领域，引发了对社群经济、社群商业模式的讨论。社群的运营者们开始思考如何从这一有着极大黏性的关系共同体中实现商业价值、构建商业模式，于是社群经济应运而生。

所谓社群经济，是指围绕着拥有共同兴趣、认知、价值观的用户共同体，提供给他们所需产品或服务，并通过社群内部的互动、交流、协作和相互影响，对产品和品牌产生价值反哺，从而实现盈利。

社群变现是传统流量变现的更高层次。传统的流量变现实际是一种“注意力经济”，用户的注意力就是流量，通过贩卖或转化用户注意力实现商业价值，如腾讯、360、百度、淘宝都是先靠免费做流量，积累起庞大的用户，再通过广告、流量分发等方式实现变现。而社群的特性决定了社群具有比流量更强大、更持久、更稳定的变现能力。传统的流量变现模式中，用户是分散的，连接关系是单向的，无法形成价值反哺和自运转。而基于关系建构起来的社群因为有了持续的互动、共同的行为规范和价值观，成为一种多维的、双向的、协同共创的自运转系统，由此能产生持久的、源源不断的价值。通过协作和共享极大地释放了用户的参与能力和热情，使得产品更加符合用户需求，并形成自发传播，由此带来了口碑和销售的双赢。如混沌学园，它相当于一个互联网上的商学院，聚集了数万个对其感兴趣的会员。通过支付 1198 元/每年的学费，学员即可学习其研习社或商学院的在线课程。通过优质的课程内容、线上线下的互动，将会员牢牢留在社群之内，由此实现盈利。

社群变现的驱动力来自于价值创造，通过价值创造连接用户、黏住用户，让用户在产品消费和参与产品设计、生产的过程中产生巨大的情感满足和价值满足，这才是社群变现模式的根本。营销大师菲利普·科特勒在《营销革命 3.0》中提到社交时代的产品营销已经上升到价值驱动营销。营销 3.0 时代，即是以价值观为中心的时代，在这个时代，消费者被看作一个具有独立思想和精神的个体，营销主张要把功能和情感的差异升华至精神与价值观的共鸣，这一观点与社群时代的价值主张一致。

三、社群经济的商业模式

在社群经济发展的过程中，商业模式是社群实现价值变现的关键，关系着社群经济效益与社群经济的可持续发展。社群经济形态既有着网络经济的一般性特征，也有着在用户、组织层面的特殊性，社群商业模式的选择要切合社群的特征，有别于传统的商业变现手段。

由于社群经济尚处在初级发展阶段，不同的社群由于自身资源和属性的不同，发展出了不同的变现方式，目前社群经济的一般商业模式如图 3-1 所示。

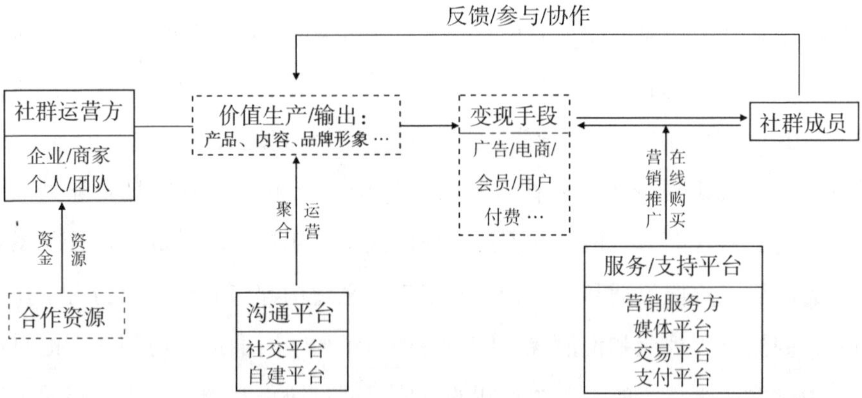

图 3-1　社群经济的一般商业模式

（一）社群经济产业链的构成主体

社群经济的构成主体主要有社群运营方、社交沟通平台、服务支持平台和社群成员。每个主体担任着不同的角色，共同构建了社群经济的产业链条。

1. 社群运营方

既可能是企业/商家(如品牌社群、产品社群)，也可能是明星、网红等自媒体团队。他们是社群的创建者、日常运营者，也是产品/内容/服务的提供者。社群在运营的过程中，运营方持续进行价值生产和输出，提供优质的内容、产品或者品牌形象，一方面为留住成员，增强社群黏性；另一方面可满足成员实际需要。随后，通过植入广告、销售商品、征收会员费、用户付费等方式实现变现。

2. 社交平台

为社群运营方提供社群创建和日常运营阵地，如微信公众号、微信群、QQ群、微博及自建平台等。

3. 服务支持平台

主要包括营销服务方与支付交易平台。在社群经济的发展过程中，可借助营销服务公司的营销激励吸引新用户加入，或者通过推广活动刺激社群成员购买社群内容/产品。社群经济交易的完成还需依靠支付交易平台，通过在线支付，支持完成消费行为。

4. 社群成员

社群成员是社群产品、内容或服务的直接购买者，在消费之后，社群成员还可通过社群交流和评价进行消费反馈，亦可参与到社群内容和产品的生产、设计环节，共同参与社群价值生产。

(二)社群商业变现的主要手段

社群经济在其发展的过程中，其变现手段也在不断的发展和创新。总的来看，社群变现手段主要有广告、电商、会员费、用户付费、用户打赏等。

1. 广告

当一个社群聚集了一定规模的用户时，便具有了广告的价值。同时，社群的情感属性和信任体系使得其广告信息的接受度和信任度更高，传播效果更好，因而受到品牌商家的青睐。如罗辑思维的广告方式就是合作商赞助，由赞助商提供物品作为给会员的礼物，如乐视电视机、小狗吸尘器等。不同于传统的广告投放方式，社群广告植入必须符合社群特性，将广告与社群内容巧妙融合、深度植入才能避免反感或者被无视。

2. 电商

即通过销售商品的方式实现变现，社群运营方提供与社群属性或价值定位相关的有形产品，在社群互动中推荐商品、销售商品。如吴晓波频道的“吴酒”就是依靠其人格魅力打造的一款产品，成员出于对其个人的崇拜和信任而愿意购买；再如罗辑思维的书籍订购，老罗会在罗辑思维的节目中推荐书籍，会员认同他的评价和推荐，便会进行购买。

3. 会员费

即建立会员制，通过直接收取会员费实现变现。最典型的就是罗辑思维，加入罗辑思维需要缴纳相应的会员年费，铁杆会员会员价 120 元，普通会员会员价 200 元。4 个月内两次招募付费会员，入账会员费近千万。这种方式需要社群有持续的价值输出，能为会员提供较高的附加值。

4. 用户付费

即提供高价值的内容产品，用户通过付费的形式才能获得。如订阅专栏、培训课程、演讲等。例如，“得到”APP 的订阅专栏会提供一些有价值的内容，如果用户想获取这些内容，就需要支付一定的订阅费。颠覆式创新研习社的课程培训需要会员缴纳一定的费用才可以加入学习。这就要求社群必须提供有价值的内容产品，让用户觉得物超所值，才能促使他们产生持续付费的动力。

5. 用户打赏

即用户对于内容原创者的一种激励和奖赏。打赏是一种新兴的付费方式，其主要特征为非强制性，主要基于用户的自愿行为，是用户对于社群所发布的内容的一种认可。如果社群所发布的原创内容，如文章、视频、音乐、图片等，用户觉得喜欢，就会给予一笔费用不等的赏金。

现实中的社群盈利手段并非单一的，大多数发展成熟、盈利良好的社群往往将多种盈利模式相结合，如吴晓波频道的盈利模式就包含了广告、内容付费、电商等，凭借着其个人人格魅力、优质的内容、持续的互动将会员牢牢留在社群之内，由此实现盈利。

四、社群经济的平台化运营

社群聚合了大量基于共同兴趣和价值观的用户，社群经济就是围绕用户的需求提供产品和服务，从而实现盈利。随着社群用户的不断积累，用户黏性的日益增长，社群便具有了平台的价值。社群经济向平台经济的转型，将大量外部资源纳入社群平台，通过市场主体之间的有机协同、资源互补，实现社群价值的延伸与扩张。

(一)平台化运营：社群价值扩张的路径

早在20世纪90年代，尼葛洛庞帝(Negroponte)就提到了“平台”，他直接将数字化生存概念与平台联系，认为数字化就是为生存和活动于现实社会的人提供进行信息传播和交流的平台，这个平台借助于数字化结构，虽是虚拟，但却能真实感受到而非想象，是一种“真实的”虚拟空间。① 互联网之父温特·瑟夫指出了互联网的三条黄金法则：没有人拥有它，每个人都可以使用它，任何人都可以往上面添加服务。这是互联网跟之前所有媒介的区别。从这个意义上理解，互联网已经成为全民共享的去中心化虚拟平台。

互联网是一个无限性的平台，丰裕的竞争就是平台的竞争。② 传统经济学的前提假设是基于资源的稀缺性，互联网所产生的资源丰裕性对传统经济学理论产生了颠覆性的影响。互联网的发展，从生产、传输、消费三个环节释放了大量的资源，竞争的焦点不再是对于某种稀缺资源的争夺，而是为生产、传输、消费环节的无缝对接和效率匹配提供支撑条件的竞争，即平台的竞争。

平台经济的核心是搭建一个可资进行资源交换的开放场域——即平台，其根本目的是实现各方市场主体的价值共赢。因此，平台经济是基于互联网平台，通过资源整合与资源共享促进双边或多边主体之间的交易，从而使多方主体实现利益最大化的经济形态。

互联网时代，平台成为产业创新、组织变革的重要驱动力，也为商业的变革带来了新的思维和机遇。企业经营者们必须具备平台思维，运用平台思维打造商业生态体系，实现更大、更持久的价值创造。

当社群发展到成熟阶段，即成员规模较为稳定，社群结构较为稳固，社群关

① [美]尼葛洛庞帝：《数字化生存》，胡泳译，海南出版社1997年版。

② 黄升民、谷虹：《数字媒体时代的平台建构与竞争》，《现代传播》2009年第5期，第26~33页。

系紧密，社群凝聚力强。此时，社群便具有了平台的价值，一边是稳固的、强黏度的用户；另一边是围绕着用户需求提供产品的供应方，通过社群平台的连接实现资源的优化配置，提高资源使用效率。社群用户的需求是多元化的，平台模式有助于社群协同其他资源更好地满足用户需求。社群经济的平台化运营，是解决社群经济商业痛点、社群商业价值延伸和扩张的一种可能路径。

社群作为平台方的核心价值就是在社群用户(需求方)与产品生产商(供给方)之间建立连接关系，实现资源的有效匹配，为产品的生产、消费、售后环节提供支持条件。由社群向社群平台的转型，其最大的资源优势即在于其优质的用户资源。一方面，社群的用户资源对于产品供给方有着极大的吸引力和商业价值。作为产品的生产、供给方，迫切需要找到稳定、高质量的消费者，通过社群连接消费者，不仅能找到产品的消费者，还可以获得消费者的反馈、参与及口碑传播。而社群平台可以实现这些信息的传递与共享，当大量的资源信息在网络上互联互通，资源也就能在一定程度上实现最优的配置。另一方面，社群聚合了高黏性的用户资源。用户是存在多种需求的，单靠社群无法满足其所有需求，如果该社群无法满足，他们就会转向社群外部寻求满足，从而造成社群用户价值的流失。这就需要社群组织通过资源整合，将能满足用户需要的外部资源纳入社群经济体系，使得消费者需求能在社群经济体系范围内得到解决，最终获得多方的共赢。

(二)社群平台经济模式的构成

社群平台的经济模式主要由需求方(社群用户)、供给方(企业)、社群平台以及平台支撑系统四个主要方面构成，如图 3-2 所示：

首先，需求方。需求方是指在社群平台上接受各种服务的社群用户。它是平台双边市场中重要的一方，是产品与服务的消费者。社群用户不同于传统的消费者群体，他们有着共同的兴趣和价值观，具有鲜明的消费特征，借助于大数据、人工智能等技术，产品/服务的生产商能够更好地把握用户特征和需求，生产出适销对路的产品。随着市场竞争的激烈，卖方市场逐渐转变为买方市场，在这种情境之下，企业必须准确把握买方即社群用户的需求，才能获得强大的市场竞争力。同时，需求方还可以借助平台与供给方产生互动，社群用户可以就产品/服

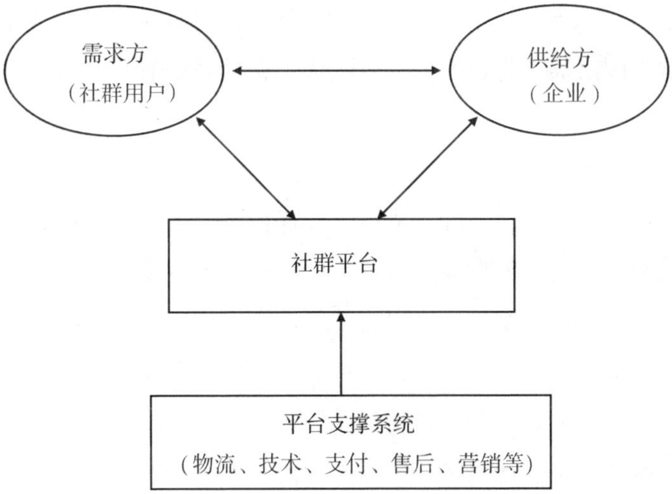

图 3-2 社群平台经济模式

务的使用感受、需求进行反馈，企业可以及时响应。这种互动在指导企业进行生产的同时，还可以增进企业与用户之间的关系。

其次，供给方。供给方是指产品或服务的生产商，主要由企业构成。它是平台双边市场中另一重要的构成主体，是产品与服务的生产者。供给方之所以加入社群平台经济体系，主要是基于社群稳定、高黏性的用户。通过社群平台的连接，共享社群用户资源(即需求方)。围绕社群这一既定的用户群体，发掘需求，提供产品，从而实现盈利。供给方是社群生产能力和生产资源的拓展，单个社群的资源占有量、生产能力都是有限的，不能完全满足用户的各种需求，而作为供给方的企业往往在某一产品的生产上有着优势，可以与社群平台实现优势互补，从而将社群成员的消费行为圈入社群平台经济体系之中。

再次，社群平台。社群平台是指社群通过资源整合后所形成的以社群为核心的平台。社群平台负责平台的搭建、运营和日常管理。一是平台的搭建，社群基于其核心的用户资源吸引供给方企业的加入，形成双边交易市场。在这个过程中，社群需要制定合理的价格结构和准入机制来平衡需求方与供需方的利益，实现双方市场主体的繁荣发展。二是平台的日常管理工作，对社群内部互动的管理、成员规模的扩张、成员关系的维护以及对供给方企业的管理等，社群平台的有效管理是保证平台良性发展的重要条件。三是平台的运营，平台的发展与壮大离不开平台运营，平台的价格结构、合作机制要根据实际情况灵活调整，保证供需双方的利益，同时通过打造平台品牌，为平台带来增值，吸引更多市场主体的加入。

最后，平台支撑系统。平台支撑系统主要为平台经济的发展提供物流、技术、支付、售后、营销等多方面的支持，以保证平台系统的运行。社群平台连接了需求方、供给方市场，但供需双方交易的完成还需一系列中间环节做保障。技术是整个平台经济运行的基础；支付系统帮助用户快速实现在线交易；物流帮助产品便捷、安全地传递到用户手中；售后服务为用户提供购买前、中、后的全方位服务；营销服务帮助社群平台塑造品牌形象，发布产品与促销信息，这些支撑服务的最终目的就是更好地服务于供给方、需求方，帮助交易的达成，保证平台经济系统的顺利运转。

社群平台经济模式的这四个构成要素相辅相成、相互影响。它们各自发挥自身的优势，各司其职、分工合作，实现了资源的最大化利用，极大地提升了平台经济的效率和效益，缺了任意一个要素，平台经济绩效就无法实现。而其中，社群平台居于核心地位，将多方市场要素整合在平台之上，并通过制定市场规则来进行平台经济的管理与运营，这对社群运营者们的管理与运营能力提出了更大的挑战。社群运营者们应立足于自身的核心价值和优势，以用户为中心进行平台的创建和拓展。

平台经济考验的是社群运营者的资源整合与资源配置能力，通过整合多边资源，实现社群经济价值扩张，提高经济效益。互联网的无限性不仅打破了资源瓶颈，也模糊了产业边界，未来的竞争将是商业模式的竞争，是资源整合和资源聚集的竞争。在移动互联网时代，互联网正成为连接一切的中心，企业之间、行业之间的疆界将被完全打破，企业间、产业间的跨界合作将构成一个个全新的商业生态系统。

第四章　场景与场景营销传播

随着移动互联网的发展，云计算、大数据和人工智能技术的普及，人类社会进入场景时代。经过流量化的野蛮发展和数据化的深耕细作，网络入口呈现多元化、即时性和场景化的特点。这是一个追求体验价值的时代，朝着垂直化、精细化、独特化的方向发展，场景成为一种新的思维方式和商业能力，正在逐渐改变世界，改变人类未来的生活方式。

第一节　场景与场景营销传播

一、场景的概念

“场景”一词有场所、场域、语境、情境、情景、背景等多重含义，原本是戏剧学理论的概念，后来演化为影视专业术语，大多运用在文学艺术作品的创作过程中，是指在特定的时间和空间里复杂的人物关系之间发生的行动，是通过人物行动来表现剧情的特定过程。

在戏剧演出时，场景指舞台场面，是剧本中的自然段落和基本元素，为剧中人物的活动提供具体的时空环境，展示人物的关系和性格，推动故事情节的发展。

在影视电影里，场景泛指情景，包括对白、场地、道具、音乐、服装等。在电影拍摄前期，剧组会在室外露天的环境搭建宏大的叙事场景。

在绘画作品中，场景是直接表现和刻画的重点，以人物在空间中的位置作为识别坐标，描摹周围的环境。例如，北宋画家张择端绘制的《清明上河图》，通过散点透视全景式展现北宋汴京繁华的城市生活场景。

美国社会学家埃尔文·戈夫曼(Erving Goffman)在《日常生活中的自我呈现》一书中提出“拟剧理论”，这一理论所研究的场景是人们“面对面的场景”，偏向于空间的概念，指“任何感觉到屏障限制的地方”，诸如公园、礼堂、卧室、门诊部等。戈夫曼提出“前台”与“后台”的概念，他认为环境的限定是影响个体行为的一个重要因素，特定的交往地点和观众组成的差异会对个体的行为带来影响。但是，他只关注了人们社会生活中的双向互动是如何发生的，并没有将社会场景与物质场景分离。

在传播学领域，20 世纪 80 年代中期，美国传播学家约书亚·梅罗维茨(Joshua Meyrowitz)整合了戈夫曼的“拟剧理论”与麦克卢汉的“媒介决定论”，将“场景”作为构建社会事实的重要维度，论证了电子媒介对社会行为的影响。他在《消失的地域：电子媒介对社会行为的影响》中提到“情境”(situation)的概念，并将其重新定义为“信息系统”，场景从“物质场景”延伸到“信息场景”，形成“新媒介—新情境—新行为”理论。

场景是一种整合式体验，它重构了人与人、人与物的连接方式，基于移动设备通过传感器感知用户所处的环境，通过定位系统精准获取用户所在的位置，将信息进行数据分析与整合。

场景是一种产品，一种服务，更是一种随时随地身临其境的体验，是现代科技的复合体，是人类存在的生命状态，是社会发展进步的重要标志。在现实生活中，以移动互联网为基础的智能终端设备与电子商务、文化娱乐、金融保险、信息通信等传统行业的连接和融合，改变了人们的生活方式，将人们带入特定的场景中。

场景已经成为人类存在的生命状态。

二、场景的基本形态

场景依据不同的标准可划分为不同的形态。

(一)固定场景与移动场景

根据用户所处空间的不同，场景的形态可分为固定场景与移动场景。

固定场景是指事物在固定的时空坐标所形成的空间环境，是处于相对静止状态下的场景，如客厅、书房、商场、旅馆、餐厅、图书馆等。瑞典家居零售连锁店“宜家”(IKEA)为顾客创设真实舒心的家庭场景，营造出轻松自在的购物氛围，在店铺中以样板间的形式展示家具，让顾客感觉像在家里一样温馨。顾客可以随意打开抽屉和柜门，走在地毯上，坐在沙发上，躺在床上，体验家具的舒适度。

移动场景是人们在现实生活环境中不断变换的空间位置，是人们自身移动所带来的空间位置切换。人们生活在不断切换的时空场景，身体穿梭在不同的物理场景，开启一种崭新的生存方式。在消费者的移动场景细分过程中需要注意三个节点：消费者处于何处，从何而来，即将去往何处。

进入移动互联时代，移动终端改变了家庭中的媒体使用场景，固定场景从客厅、餐厅等公共空间向卧室、卫生间等私密空间延伸。同时，家庭成员之间的交流也受到严重的干扰。例如，微信建构了一种可以随身携带的移动场景，是一种新型的社会场景，实现了个体与个体之间的多重连接与深度融合，跨越了时间和空间的制约，形成一种全新的“共在感”，为人们认识世界和改造世界创造了一个新的入口，为人们的传播、交友、分享、购物等提供了一种全新的方式，形成一种与实体场景和虚拟场景相互转换又相互融合的生活状态。

(二)真实场景、虚拟场景与融合场景

互联网将用户的生存空间分割成现实和虚拟两个维度。按场景产生的过程，可将其分为线下的真实场景、线上的虚拟场景和“线上+线下”融合的场景。

曾经，每逢节日庆典之际商家都会精心布置店铺的橱窗与展台的陈列摆设，为顾客营造浓厚的节日氛围场景，这都属于线下的真实场景。例如，圣诞节前夕，在墙壁上张贴圣诞老人、麋鹿、雪橇等招贴画，在室内外摆放圣诞树并挂满礼物或装饰品，店员身穿圣诞老人的服饰与顾客互动，增强消费者的参与感，激发消费者的购买欲望。

伴随着PC端和移动端的广泛普及，线上的虚拟场景逐渐兴起。用户使用门户网站、搜索引擎、电子商务、社交平台等不同网络服务的虚拟场景，突破了物理空间上距离的限制，将所有人通过网络连接起来。身体的地理位置不再是决定人们是否有共同经历的前提，无论他们身在何处，都能实现共享。不同物理空间

的人们可以进入共同的虚拟场景，人们的异地交往转变成即时在线，从身体在场转化为注意力在场。

如今，线下的真实场景与线上的虚拟场景之间的界限逐渐被打破，用户的生活进入到线下的真实场景和线上的虚拟场景相融合的阶段。场景营销从线下场景出发连接线上场景，再作用于线下场景，实现营销的闭环。场景营销能够将线下的现实和线上的虚拟无缝连接，人们可以在虚拟空间中享受新的社交方式和生活体验，随时随地实现数据的融合与实时优化。

（三）高频率场景和低频率场景

根据场景发生的频次可分为高频率场景和低频率场景。高频率场景由于自身的特性，能够在最短的时间内吸引众多的消费者，因此它应以获取用户为发展重点。高频率场景与人们的日常生活息息相关，是家庭、办公等生活方式中的场景体验，用户重复消费的发生频率高，接触和获取目标用户的成本较低，容易成为企业蓄势待发的新产业领域。例如，喜欢美甲的女性会经常需要美甲服务，但到美甲店却需要花费更多的时间和精力。“河狸家”推出了上门的O2O美甲服务，消费者体验到这种服务的便捷性后会再次消费。

低频率场景与高频率场景正好相反，由于消费者与商家之间不具有信任关系，虽然消费频率低，很难维持长久的合作，但低频率场景的单次消费利润更高，低频率场景虽然发生率低，但由于场景本身的稀缺性往往存在严重的信息不对称，是最容易被移动互联网改造的机会场景。用户对产品价值的关注往往会高于对价格的关注。如果品牌能够与用户达成情感共识、提供尖叫感的产品或服务，就可以获得丰厚的回报。因此，低频率场景需要商家在消费者的重复消费需求较少的情况下，提高产品或服务的质量。

（四）重度场景和轻度场景

根据场景发生的程度可分为重度场景和轻度场景。重度场景是指消费者在日常生活中随处可见的场景（如瑜伽、游泳、健身等），它拥有广阔的市场资源，可以形成产业链，但容易形成恶性竞争。轻度场景与重度场景相反，它在生活中并不常见，但蕴含着巨大的发展潜力。

轻度场景一般指生活中某些特定的场合，通常意味着稀缺。轻度场景改造之后容易形成一种先到者先得的壁垒，如精准洞察派对、策划派对主题、玩法攻略等全套场景解决方案的社交应用，作为一种新型轻度场景在年轻消费群体中具有高开发价值。

三、场景营销传播

正如上文所说，场景已经成为人类存在的生命状态。上海师范大学金定海教授在其著作《原生营销：再造生活场景》的序言中所说："场景营销是打破线上线下的交互壁垒，重组故事，重设诱因，重组逻辑，重塑形象，融合特定的价值关系和文化象征，而产生的全新的消费感知。"①因此，将场景和营销传播进行结合，将是一种全新的营销传播方式。

场景营销传播是指企业在消费者所处的时间、地点和关系构成的特定场景下，基于对用户数据的挖掘、追踪和分析，连接用户线上和线下行为，理解并判断用户情感、态度和需求，为用户提供实时、定向、创意的信息和内容服务，通过与用户的互动沟通，树立品牌形象或提升转化率，实现精准化的营销传播活动。

场景营销传播是将商品置于恰当的场景环境之中，超越时空的限制，将物理场景和信息场景进行交互融合，集精准性、互动性和沉浸感为一体，使消费者能够有效地进行感知体验，提升消费者的购买欲望，促使消费行为的发生。

互联网技术从 Web2.0 时代向 Web3.0 时代过渡，技术的智能化和移动化提高了信息的聚合、搜集和处理能力，作为支持"场景"的基本技术，大数据将营销传播的"亲身在场"从线下挪移到线上，以精准匹配需求的场景完成对于消费者的空间连接，依托基于心理、生理的"真实"刺激对于信息的传播与交互进行虚拟化场景的还原并不断放大。

在国际上，基于移动互联网的场景化营销被称为"情境知觉营销"（context-aware marketing）或"无处不营销"（ubiquitous marketing）。场景营销是精准营销的具体深化。场景营销传播深入挖掘用户的数据信息，并不断追踪用户的地理位

① 金定海、徐进：《原生营销：再造生活场景》，中国传媒大学出版社 2016 年版，序言。

置、实时状态和环境氛围，在不同的消费场景下对用户行为进行细分，实现精准化的广告传播和个性化的服务，这才是场景营销传播的实质。

场景营销传播是集精准性、互动性和沉浸感为一体的数字营销传播形态。

第二节　场景营销传播的特征与构成要素

从物理层面而言，“场景”是承载商品和传递需求信息的特定场所和物质载体，是客观存在的物理环境与空间概念；从心理层面而言，“场景”是消费者在特定的时空环境中加上媒介、技术等因素所创造的信息环境而产生的主观感受、心理变化和情感波动，能够令消费者逐步消解基于时空距离的认知隔阂。

一、场景营销传播的特征

场景营销传播有四大特征：碎片化、人格化、精准性与沉浸感。

第一，碎片化。在万物互联时代，人们的生活压力愈来愈大，生活节奏越来越快，生活状态呈现出碎片化的场景。场景正以高频率快速地发生变化，碎片化的特征十分突出。互联网的碎片化导致场景的碎片化，场景的碎片化导致群体行为的盲动性。从表面上看，用户拥有充分的自由权，但实质上，他们总是没有行动规律的四处乱撞。碎片化的场景让每种商业模式不再关注自身，而是从碎片化的信息及其交叉过程中找到灵感。通过广泛采集碎片化的信息，崇尚速度至上和效率至上，建构出无数碎片化的购物场景。

第二，人格化。场景深刻影响着现代人的人格，人们在不同的场景形态中扮演着不同的角色。每个用户的使用场景与个人的性格和特征有关，促成了用户场景应用的人格化。场景暗含了人们对特定生活方式的向往，浸润着特定的情愫，具有人格化的特征。用户下载的各类场景应用软件、订阅的公众号、关注的微博都成为用户人格化的象征。智能手机上应用软件的人格化比消费者的行为能更加真实准确地描述用户的消费特征，更加清晰地描摹出用户的个性化画像。

不同的场景给不同的用户贴上各种各样的标签，体现其人格化的特征。场景应用通过人口属性特征分析，确定用户的性别、年龄、学历等标签；通过用户状态特征分析，确定用户的婚恋、消费和居住等标签；通过终端设备特征分析，筛选目标用户的设备类型、型号、操作系统等；通过线下场景数据采集设备和用户的连接，判断用户所处时间、地点、天气和LBS信息；采用TGI算法量化用户的品牌、体育、娱乐等兴趣偏好特征的程度，分析用户的浏览搜索、社交购物、线下活动等行为偏好的特征，为用户描摹出十分清晰的立体画像。场景应用的后台可通过检测用户手机应用的关联度，精准判断用户的特征。由此推断，安装“去哪儿旅行”“携程”等旅游类场景应用的用户可能是旅行爱好者；安装“WPS Office”“有道词典”等办公类场景应用的用户可能是职场精英；安装“美丽说”“蘑菇街”“小红书”等女性购物场景应用的用户可能是时尚美妆达人。

第三，精准性。在场景时代，企业将线下的实时场景与线上的优质服务连接起来，通过构建新的体验场景，为消费者提供即时有效的精准化场景体验服务，满足消费者的场景诉求。基于移动设备、传感器、大数据和定位系统的技术支持，商家能分析消费者的实时数据，精准定位消费者的位置信息，细化消费者的不同场景需求，归纳分析创建数据模型，抓住消费者的“痛点”和“痒点”，通过移动网络入口将用户导入平台，了解消费者的需求，从而改善服务质量，以最快的速度为他们提供符合需要的增值服务。

例如，基于社交网络的定位服务软件Highlight能够告知商家顾客的到来，将消费者的实时地理位置与真实的消费场景连接起来，判断消费者当时的精神状态，把握其对广告的接受程度，向其推送相应的广告内容，提升广告投放的价值，激发消费者的购买欲望。再如，星巴克为实现精准化的场景营销传播，借助于定位系统明确消费者的地理位置，通过传感器获知消费者在餐厅附近逗留的时间，依托社交媒体查找潜在消费者的消费偏好，将相关的产品和优惠广告适时推送给消费者。当消费者想要喝咖啡时，使用“Mobile Pour App”在线下单，星巴克的服务生骑着滑轮车将咖啡送到消费者面前。之后，星巴克会使用大数据技术分析确定消费者的消费习惯，以求再次为其提供个性化的消费和服务。

第四，沉浸感。随着场景时代的来临，人类的生存环境发生了巨大的变化，数字化的虚拟场景带给消费者极强的沉浸感。沉浸式的场景营销传播需要消费者的参与体验，与场景设定的情境进行深度互动。大数据、云计算、人工智能等技术被不断地运用在信息制作与生产过程中，使其产生身临其境的感觉，实现虚拟的自我与真实环境的互动。

消费者在场景营销传播的互动过程中，体验到美国心理学家米哈里·契克森米哈赖提出的“心流体验”,① 即当个体全身心投入某项活动或事物时，整体的感觉和意识被集中在狭小的范围内被环境所控制，只对特定的目标和明确的任务产生反馈。当人们从事自己喜欢的、擅长的、有挑战性的事情(如爬山、游泳、打球、玩游戏、阅读、演奏乐器等)，很容易产生心流体验。

沉浸感的产生主要依靠刻画场景细节、创建更宏大的虚拟世界，设计者将更多的注意力放在细节之处，消费者越能体会到场景的真实性，在场景中的沉浸感愈发强烈。移动互联技术使各种各样的场景应用更加精准，更加个性化，产生有温度的、跨越时空的场景体验。鲜活的场景故事使消费者更容易沉浸其中，受到独特的感官刺激，形成特定的场景体验和场景记忆。

二、场景营销传播的构成要素

(一)场景营销传播的基本要素

场景是指人与周围环境的关系，其基本要素包含空间环境、意境氛围和习惯状态等。

1. 空间环境

空间环境是场景最基本的要素，在特定的空间里，场景包含与该空间相关的环境特征，人的特定行为模式。场景的“场”指场所，偏向于物理空间上的现实环境，是现实性的承载物体和传递信息的特定场所，是一种客观存在的可感知、可触碰、不会任意消失的空间概念。比如，餐厅、办公室、电影院等地理位置，属于现实性的场景。

2. 意境氛围

场景的“景”侧重于情景、景物、景观，偏向于心理意义上的感觉、意境和氛围，是随着人的行为和心情的变化而改变的情境，是摸不着的、变化莫测的心理感受，是基于个体的教育背景、文化程度以及生活经验的一种内在模式，是为

① [美]米哈里·契克森米哈赖：《心流——最优体验心理学》，张定绮译，中信出版集团2017年版，第1页。

了满足某些心理需求的信息交换。①

在场景时代，用户通过在各种社交媒体平台上发布信息、在线交谈，通过朋友圈点赞、转发、评论等行为，明确个人的喜好、定位自己所处的位置和所追求的目标，形成良好的社交氛围，对社交媒体中用户相关数据信息的收集成为场景分析的另一个维度。商家使用红色、橙色等暖色调的颜色，通过室内的装潢、商品的陈列、店员的热情服务，为消费者营造舒适的、热情的、欢快的购物氛围，用舒缓、轻柔的音乐来舒缓顾客的情绪，放慢顾客的步调，延长顾客的购物时间。

3. 习惯状态

人们在各种场景下的生活需求与行为模式会给其日常生活中的经验和惯性带来烙印。惯性是理解人们日常行为逻辑的基本依据，人们的各种消费行为都受到理性的支配。在生活场景中，人们选择请客的饭店、购物的商场超市、服饰的品牌和颜色、修车的厂家等，形成日常生活的行为习惯。

移动互联时代的场景分析借助于移动设备进行数据采集，结合用户以往的生活习惯，数据采集完成后在数据库中存储，利用数据算法对用户的生活数据进行分析，算出消费者的生活惯性。场景分析依靠可穿戴设备实现用户实时状态的数据采集，将这些数据与数据库中的商品信息进行精准匹配，预测消费者的需求，为用户提供他们想要的产品内容和解决方案。

百度推出的“百度眼”试图通过对特定场景（如车站、商场、博物馆等）中用户的信息采集，提供有针对性的个性化服务。通过场景技术力量，传感器完全可以捕捉到关于个性场景的要素，通过个性化场景要素可以定位到个人在传播中的准确位置，对场景中的个人实现细致的画像。

总之，场景的三大要素始终围绕着用户展开，移动互联网的发展将碎片化的时空与用户的需求深度融合，使用户重新回到中心的位置。随着移动设备的智能化和多样化，场景应用将用户生活中的工作、学习、生活、消费、娱乐等各种场景关联起来，形成线上与线下的高频互动和深度融合，彻底改变了用户的生活方式和生存状态。

---

① 喻国明、梁爽：《移动互联时代：场景的凸显及其价值分析》，《当代传播》2017 年第 1 期，第 12 页。

（二）场景营销传播的技术要素

在移动互联时代，场景是新型社会形态的空间呈现方式，跨越了线上和线下两个世界，既与物理场所连接，又融入了网络世界的相关属性。

美国全球科技创新领域资深记者罗伯特·斯考伯和技术专栏作家谢尔·伊斯雷尔在《即将到来的场景时代》中使用“场景”（context）①一词，提出场景发展的五大技术力量是“移动设备、社交媒体、大数据、传感器和定位系统”，这五种技术力量不断地为场景营销传播的发展助燃，加速了场景时代的形成。

1. 移动设备

移动设备是场景营销传播的工具和入口，它聚合了社交媒体、大数据、传感器和定位系统的力量。其中，智能手机是生活中最常见的移动设备，场景应用的普及扩展了智能手机的功能，奠定了移动设备的地位。在移动互联时代，智能手机成为融合感知、通信、存储、计算等多种功能的综合性信息处理平台。消费者使用场景应用程序将线上线下的各种浏览活动、运行轨迹、消费记录被传感器记录下来，并通过大数据计算频繁地在各式各样的社交媒体平台上发表评论、点赞、转发或分享，与朋友或者购买同样产品的其他消费者进行互动。

2. 社交媒体

社交媒体是场景营销传播过程中必不可少的元素，是场景化广告投放的传播平台。场景营销传播的核心是消费者在社交媒体上对场景体验的分享。营销人员借助社交媒体平台可以与消费者实现在线交谈，明确消费者的个人喜好，了解他们的实时地理位置，从而有效地寻找目标消费群体。消费者在社交媒体上可以自由创作，衍生更多互动场景和消费情境，使社交媒体具备人性化的面孔，成为个性化内容的创作源泉。

3. 大数据

大数据是场景营销传播的核心，它具有数据规模大（volume）、传输快（velocity）、类型多（variety）、价值高（value）的特征。数据是衡量互联网的基本单位，大数据的出现催生了场景营销，为商家提供了大量的消费者数据信息，商

---

① ［美］罗伯特·斯考伯、谢尔·伊斯雷尔：《即将到来的场景时代》，赵乾坤、周宝曜译，北京联合出版公司 2014 年版，第 10 页。

家通过这些信息将消费者的数字画像勾勒出来，从而进行商品信息的精准投放。一方面，大数据技术能够通过对消费者数据进行分析精准定位消费者的实时位置信息，细化消费者的不同场景需求，归纳分析创建数据模型，抓住消费者的痛点，通过移动网络入口将消费者导入平台，以最快的速度提供符合其需求的增值服务，进而改善服务质量。另一方面，商家借助于大数据技术了解消费者的消费记录和购物偏好，为消费者推送个性化、定制化的新闻资讯与商品信息，满足消费者的信息需求、娱乐服务与审美情趣，打动消费者的内心，促使其产生购买行为。进一步来看，基于大数据技术的精准化场景营销传播的过程可分为采集数据、处理数据、建模分析数据和解读数据。商家通过对用户特征、产品特征、消费行为特征数据的采集与处理，对消费者进行多维度的特征分析、产品策略分析和销售策略分析。

4. 传感器

传感器是场景营销传播的触角。小巧轻便的传感器通过模仿人类的五官感知收集信息，它被安装在固定或活动的物体上探测数据。具体而言，传感器的类型包括环境光传感器、麦克风、陀螺仪、全球定位系统、摄像头、摄像机、地板压力传感器、声音设备、位置追踪器及手控输入设备等。目前，传感器已经遍布全世界每一个角落，智能手机配备有功能丰富、种类繁多的传感器，能够即时获悉消费者的地理位置、天气等场景信息，记录其消费习惯和消费足迹，向消费者发送商场店铺的打折信息，提醒店员老客户的到来，根据产品的使用周期提醒消费者及时更新。当消费者驾驶着安装有各种传感器的汽车行驶在路面上时，会收到来自道路拐弯时的模拟提示以及汽车偏离预设路线的友情警告。

5. 定位系统

定位系统是与场景营销传播最直接相关的技术，是场景营销传播发展赖以生存的武器。定位系统是指能够监测到消费者实时地理位置的技术，基于空间的不断转换搜索数据，进行数据记录和搜集，最终匹配出消费者需要的信息。定位服务最早源于社交网络的签到服务，消费者每到一个新的地标，总会在社交媒体上签到，随着抖音短视频的快速推广，这些新地标成为广大消费者竞相追捧的网红店打卡圣地。

定位系统包括 GPS 技术、LBS 技术、WiFi 探针技术和 iBeacon 技术等。GPS

技术主要适用于室外环境，在室内的效果较差，智能手机 GPS 系统的定位范围为 3~5 米。与 GPS 技术息息相关的地图程序通过建立数据基础，记录位置变化并针对消费者的信息进行个性化整合，从而使场景化地图应用程序更有价值。LBS 技术逐渐成为一种新型营销推广模式，它的商业价值是帮助商家了解消费者需求并改善服务质量，实现精准化场景营销，从而激发更广泛的口碑传播，最终实现消费者忠诚度的提升。移动无线通讯网络 WiFi 探针技术是一种新型的移动互联技术，能够获取 WiFi 范围内所有智能手机、便携式电脑的信息，确定其位置以及移动的方向和轨迹，但同时保证不涉及消费者的隐私。免费 WiFi、地理围栏、二维码等技术让线下场景网络在室内场景方面的定位技术逐渐成熟起来。

第三节 消费场景的应用与场景营销传播策略

移动互联时代的场景连接着人与人、人与物、人与商家、人与服务等各种关系。人们的生活和工作始终在场景下进行，场景无处不在。场景是以人的参与为前提，以时时刻刻在线连接为基础、以社群为平台、以体验为核心，延伸至不同的行业，引发不同的消费场景的应用，也衍生出不同的场景营销传播策略。

一、消费场景的应用

“场景应用”(Live APP)是指现场的、生动的移动场景应用，Live 代表生动的、有活力的、现场的，能够与生活场景实现即时性的连接，而 APP 是指应用程序。场景应用是建立在移动互联网连接引擎技术之上，在移动互联网时代开创的一种全新的信息连接方式，将艺术与技术相结合，开发用户的场景价值和产品的功能价值，从而积极引导和刺激用户参与到场景中。从技术层面来看，场景应用是在场景基础上开发的一种应用技术，只要扫描二维码，或者点击链接就可以享受到场景应用中的内容，获得丰富的互动式体验，将用户从线下转移到线上的场景变得立体化。

消费场景应用的出现在商家与消费者之间建立起一种新的连接关系，营销人员需要运用连接思维，与消费者之间实现真实有效的沟通。移动互联网与大数据在商业领域的应用与渗透，使消费者原本的购物行为从受价格影响转变为以场景为导向，消费者的任何生活场景都有可能成为购物场景。营销人员深入挖掘消费者生活中的潜在场景，并将其发展成为购物场景，为商家带来创新性的价值。

随着移动设备的大量普及和移动应用的快速发展，线上线下的消费场景不断丰富和完善。目前，消费场景主要涉及餐饮场景、购物场景、旅游场景、出行场景等日常生活的各个方面。

（一）餐饮场景应用

“民以食为天”，在人们的生活中最常见的场景就是餐饮场景，每个人都会经历选择店面、点餐、用餐、结账这一系列的就餐行为，各种各样的餐馆饭店致力于为顾客营造舒适的就餐环境，餐饮行业始终是商家竞相争夺的场景。

1. 线下的餐厅场景

“南京大排档”装修布置成20世纪30年代老南京的场景，桌椅板凳按照当年的物件仿制而成，具有很强的历史感。服务员的穿着打扮模仿过去的岁月，大堂的中央布置一个唱戏的台子，有演员专门为顾客唱着昆曲表演，当消费者在这里用餐时，感觉仿佛进入时光穿梭机，回到过去。

“薛蟠烤串”店铺的场景设计和用餐形式从用户的消费体验出发，将餐厅分为经济舱、商务舱、头等舱和大学生特价票四个区域，在不同的区域有各自的“打底餐”，有“茶水、开胃菜、烤海鲜、烤蔬菜、主食、甜品”的多种组合，既有针对性地迎合顾客的用餐习惯，又可以满足不同顾客在用餐场景的社交需要。

热带雨林餐厅里布满绿色植物，顾客进入店内仿佛步入热带雨林一般，在大自然中享受食物。餐桌旁边陈列着巨大的鱼缸，里面养着各种各样的热带鱼，顾客在这里吃饭感觉就像是在海里用餐，十分放松减压。

2. 线上的订餐场景

餐厅基于地理位置的信息推送，使用定位系统获知消费者在该餐厅附近逗留的时间，锁定潜在的核心消费群体，通过社交媒体查找他们的用餐消费偏好，适时地将相关口味的菜品和优惠信息推送出去，吸引更多的消费者来店就餐，再借助于这些消费者在云平台上留下的用餐记录作为数据支持，生成消费者就餐习惯的导视图，达到精准化匹配，以便餐厅提供个性化的服务。

线上点餐的场景应用将消费者在线上点餐、下单的过程与线下就餐、送餐的环节完美结合起来，构成外卖场景。美团、大众点评、百度糯米等美食推荐APP，根据消费者的就餐数据分析其就餐习惯，然后将真实的就餐场景推送给消费者。

便利的网络环境和发达的快递业催生出外卖行业，“饿了么”“美团外卖”等美食送餐服务的外卖小哥将美味的食物送到家门口，解决了宅男宅女足不出户的用餐需求。“盒马鲜生”、“百联 RISO”、美团的“章鱼生鲜”、新华都的“海物会”、步步高的“鲜食演义”等建构起餐饮场景与超市的多层次组合。

（二）出行场景应用

出行场景是基于空间的实时定位技术，将线上的虚拟地图与线下的实际路况相结合，改变人们日常生活的出行场景。

1. 地图导航类场景应用

地图导航应用能够定位用户所在的地理位置，提供实时路况和全景地图。“高德地图”实现了语音识别、人机交互的智能服务，车载导航自动为用户规划好行车路线。“百度地图”为用户提供基于实时地理位置周边的美食、景点、酒店、休闲娱乐、车主服务、银行、加油站、公交站、医院、电影院、超市等生活服务类的导引；将链接转至 Uber、滴滴出行等打车软件的订单页面，可完成场景应用之间的跨界连接。“Waze 地图”在用户早上开车上班时，智能选择最优路线为用户导航，有效避免拥堵；准确把握时间点为用户创造贴心的消费场景，引导用户消费，提升用户的消费体验；当用户遇到红灯等待时，为用户弹出附近商店的优惠信息；当用户去超市购物时，及时为用户提供周围银行 ATM 机的位置信息。

2. 地铁、单车等短途交通场景

地铁车厢内部的平面招贴和移动视频针对地铁这一特定的空间场所进行场景设计，向乘客传递各种各样的产品和服务信息。以动物为主题在地铁列车的座位、地面、车门、车窗、扶手上绘制呆萌可爱的小动物，让乘客紧张、压抑的心情得到放松；以消防宣传为主题将列车绘制成红色，播放消防救火常识的宣传片，放置消防衣、灭火器，提高乘客的安全意识。《魔兽世界》运营方在上海地铁徐家汇换乘通道还原游戏场景的黑暗之门，营造神秘的氛围，当乘客靠近地铁站口时，电子屏幕随着乘客的脚步产生碎裂的声音和视觉效果，带给乘客强烈的刺激和全新的体验。

3. 出租、代驾等专车交通场景

滴滴出行、易到用车、神州专车、Uber 等服务平台基于用户所在的实时地理位置，为用户提供专车服务的尊贵体验，解决出租车空载驾驶的资源浪费和乘客打车困难的问题。易到用车是专车服务平台，在“世界读书日”这一特定节日与单向空间书店联合打造“路上阅读、座位思考”的阅读场景。“e 代驾”平台抓住人们身体不适，接送小孩、老人去医院等急需用车又无法自己驾驶的场景，为用户提供代驾服务。假期出游路途遥远、去机场接朋友不熟悉路线等特殊情况下，“e 代驾”为用户提供个性化的 VIP 服务，选定某位司机作为自己的专属司机，打造高端的代驾场景。

4. 高铁、航空等长途交通场景

高铁、航空等交通工具的乘坐与等候时间较长，乘客又被限制在相对固定、狭小、拥挤的候车厅内，此时如果能够抓住用户的心理，为用户推送相应地点的资讯信息，精准匹配用户的需求，可较好提升营销的效率。例如，宿务太平洋航空推出“雨代码”的营销方式，充分利用雨天的出行场景，用户扫描雨水冲刷之后显现的二维码，手机上就会出现菲律宾旅游胜地景区的宣传页面，看到阳光、沙滩、海浪、游船等舒适的休闲度假场景。此次“雨代码”营销抓住天时，创造地利，发挥大街和马路的营销潜能，为其寻找到一条出路，最终使航空订单量增长了 37%，创造出巨大的经济效益。

（三）旅游场景应用

越来越多的旅游企业对消费者决定购买的时机进行研究，在特定的时间和地点为消费者的需求提供特定服务，引起他们情感上的共鸣。

1. 线上的旅行场景应用

通过“携程旅行”“穷游”“途牛”“马蜂窝”“爱彼迎”“驴妈妈”“同程旅游”“去哪儿旅行”等为用户提供便捷的、优惠的、个性化的定制服务，在线上预订客房，搭建景点票务电子商务门户和景点整合营销平台，满足“自由行”游客的需求。

同程旅游提供“程程白条”、途牛提供“首付出发”、“驴妈妈”提供“小驴分期”等分期旅游产品。酒店服务提供 360°全景看房、选房，扫码购物，微信服务号点评，客房微服务等，以客户为中心建构出人性化的场景体验。这些旅游场景应用软件在用户的住宿场景中利用用户的位置信息，在旅程的关键步骤后改变屏幕内容或者根据用户所在的场景提供相关信息，吸引其进入下一步互动。

“喜达屋 APP”应用能够实现入住环节场景的虚拟化和智能化。在客人进入酒店时将房间号发给他，通过手机指纹识别办理入住手续；当客人到达房间时，手机变成能够打开房门的虚拟钥匙；在适当的时机为客户发送个人化的娱乐和餐饮推荐。

2. 线下的智慧景区场景

国内知名景区正逐步打造智慧景区工程，动物园、游乐园、主题公园等大型园区增设电子 3D 地图，将景点的位置、介绍放在官方微信公众号。

游客通过长隆野生动物世界的公众号可以查看游园攻略、交通路线、园区地图、开放时间等园区信息，享受门票购买、年卡办理等便捷服务。故宫博物院等展馆能够基于实时地理位置场景提供中文版、英文版、方言版的语音讲解，游客使用耳机可以实时收听景点介绍。景区将经典的历史风貌场景再次还原，游客在参观游览时感觉仿佛穿越时空回到了古代。

“荔枝 FM”为同里古镇打造“同里时光”品牌博客，围绕同里的美景、人物、民风进行创作，借助 S-VR 技术还原景区的真实 3D 声音，推出声音实景互动项目——声音邮局。用户在邮局内进行录音打印成有二维码的声音明信片，将自己的所见所感用带有温度的声音传递到远方，使景区年轻化的形象随着有声明信片得到广泛传播。

（四）购物场景应用

1. 线下的真实购物场景

商场采取 360°立体构图的方式将各个商铺的信息推送到消费者面前，再现真实的购物场景，优化用户体验。京东开设的线下体验店就是以场景为核心，为消费者提供舒适安逸的购物环境，提供好玩有趣的社交休闲、科技体验和健康生活服务。店面陈列根据当地商圈消费者的购物习惯和兴趣爱好进行设计，实现千店千面的效果，消费者走进店面就会进行人脸识别，针对每位消费者的兴趣和在该场景的停留时间，通过行为数据分析，实现精准的场景营销。

传统书店打破原有的书籍陈列方式和布局，拆除原先书架的各种堆头，构建起书店新的结构和框架，增加座位吧台，打造令人耳目一新的阅读场景。在台湾，诚品书店内提供餐饮服务，引进了电影视听院、展览馆、书院等场景辅助设施，以此延长读者在书店停留的时间，达到促进销量的营销目的。

亚马逊的线上数据是实体书店运营的基础，有线下书店以场景化的方式完成用户体验的升级。在实体书店，每本图书的黑色卡片上都有亚马逊网站用户的评分和书评，顾客扫描卡片上的条形码，即可查询价格、评论，实现一键式购物，给顾客带来更加便捷、更加人性化的线下场景化购物体验。

2. 线上的网络购物场景

在网络日益发达的都市生活中，虚拟购物场景几乎渗透进消费者生活中的每一个角落，线上的电商平台模拟用户在实体店里的购物场景，用户可以通过电商所营造出来的虚拟场景近距离观察产品，并通过真实的体验了解产品，进而产生购买行为。“美团”“百度糯米”“大众点评”等团购场景增强了用户与商家之间的黏性，成为用户与商家之间全新的链接方式，实现了人们生活方式和消费形态的升级。从线上到线下的联动，使线上虚拟的购物场景与线下真实的购物环境完美地融合起来。电子商务改变了用户传统的购物习惯，将线下的购物行为转移到线上，实体空间的购物环节转化为虚拟的在线购物。

淘宝、天猫、京东、苏宁、当当、亚马逊等购物场景应用成为不少用户的开机必备。例如，京东白条、阿里的天猫分期和花呗、苏宁易购的任性付和零钱贷为用户提供了更多的消费场景。其中、京东白条的应用场景又细化为电商场景、旅游场景、汽车场景、安居场景和农村场景等。再如，电商“1 号店”推出的虚拟超市，让地铁和公交广告牌变成了“1 号店”的虚拟货架，消费者只需在“1 号店”拍下商品的二维码，就能在线上轻松完成购物。

“猫眼电影”“时光网”等在线购票应用模拟用户在电影院购票的真实场景，消费者只需在智能手机上选择影院和场次，就能实现在线选座、自主购票等线上服务，在线下电影院扫描二维码取电影票，享受便捷的消费服务。

构建消费者的购物场景，支付机构在场景建构的过程中是主角，协助商家为消费者在各消费环节提供核心的技术支持。“支付宝”或“微信支付”场景应用开创了无现金支付的先河，用户已经习惯使用“支付宝”或“微信支付”在线完成支付。在购物场景中，线上支付已经成为主流，人们逐渐养成出门不带钱包带手机的习惯。

支付宝要以人为核心，打造融合各种关系的场景平台，将用户生活中真实场景的消费行为(如商场和超市购物、餐饮就餐、医院就诊、专车出行、信用卡还款等)与线上的虚拟支付场景结合起来，实现线上线下无缝连接的接触点管理，融合生活服务、政务服务、网络社交、手机理财、金融保险、虚拟公益等多个场景的开放平台，形成完整的消费闭环。支付宝基于电子消费记录建构消费场景，满足支付的多元化、服务化、权益化和社交化等多种需求。

微信融入以社交功能为主的“微票儿”和“嘻嘻优惠券”支付功能场景。“微票儿”拥有微信银行卡入口的演出票务平台，具有与美团、糯米、支付宝、电影演出票并行的票务支付购买功能。微信好友可以通过微信选座购票，当在聊天过程中产生购买电影票的需求时，直接点击购买，不用切换 APP；在“好友”与“电影休闲”结合下的场景，把社交关系作为入口，以支付行为作为收尾环节，实现完整的用户参与场景链。

二、场景营销传播的策略

在移动互联时代，场景强大的连接能力使其成为互联网入口的重要方法论，也成为移动互联时代商业竞争的主要场域。场景的本质是对时间的占有，拥有更多的场景就拥有更多的用户时间，也就能轻松地占据用户的心智。新场景的创造带来了新体验，新场景的洞察带来了新流行，新场景的流行带来了全新的生活方式。场景为用户诠释新的价值，成为用户的情感寄托。因此，用户更愿意停留在场景中参与互动，进行消费。

百度连接人与信息，腾讯连接人与人，淘宝和京东连接人和商品，P2P 借贷平台连接人和资金，众筹网连接人、信息和资金，这些互联网背景下崛起的平台共同营造了共享共赢的经济生态场景和消费生活场景。

场景营销传播对消费者的购买力产生巨大的影响。在日常生活中，常见的场景营销传播策略有移动式场景营销传播策略、体验式场景营销传播策略和话题型场景营销传播策略等。

(一)移动式场景营销传播策略

过去，移动购物使用的是淘宝、京东等网站，早期的移动营销(mobile marketing)被称作"手机互动营销"或"无线营销"，是在一对一的基础上实现精准营销的一种方式，它扩充了网络营销和数据库营销理论。

后来，移动营销在成熟的云端服务的基础上，通过移动终端(手机、平板电脑、移动式可穿戴设备)获取消费者信息，向目标受众定向传递即时信息，通过精准的个性化信息实现与消费者的互动，最终达成营销目标。移动购物在智能手机终端有团购、淘宝天猫、苏宁易购等多种形式。

移动互联网的发展打破了时间和地域的限制，直播让用户可以在线下实现与线上的实时互动。将线上和线下两种渠道的体验整合起来，实现线下流量的线上导入，确保在移动的状态下通过线上渠道满足消费者需求，并提供高品质的服务。移动式场景营销随着移动互联网技术的不断发展，用户分享的"状态"和"动作"的个人数据与场景和地理位置相结合，进而提供更精准、更个性化的服务。

移动式场景营销传播打破了消费者寻找商家的传统思维，转化为消费者暴露自己的位置信息，由商家寻找消费者并为其提供服务。未来，移动式场景营销传播应该将重点放在跨境电商、VR技术方面，利用虚拟现实的沉浸式体验效果，开发更多的消费场景。例如，鞋子生产商"Zappos"与手机健身应用"Map My Fitness"合作，通过跟踪用户的运动轨迹与运动时间，判断他们鞋子的磨损情况，在恰当的时候提醒用户"你需要换一双新鞋了，请注意保护你的膝盖"。再如，消费者使用"Dorothy"鞋夹，踏三下脚后跟就能在"Uber平台"叫车，跳两下就能实现在最近的"星巴克"店铺点一杯"星冰乐"的功能。

(二)体验式场景营销传播策略

在场景时代，商品的必需属性大大降低，消费者的个体体验成为新的标准。人们喜欢的不再是产品本身，而是围绕产品所搭建的场景。人们需要更多场景来满足自己的不同需求，场景营销从理解消费者的情感和态度出发，为消费者营造温馨的、浪漫的、舒适的购物氛围，使他们沉浸在特定的场景中，满足其在生理上的感官刺激和心理上的情感诉求，触动他们的心智，进而产生消费行为。

场景是以人为中心的、更加人性化和多元化的细节体验。购物中心将消费者的消费文化和生活意义结合起来激起他们的兴趣，为他们提供满意的产品和服务，具有互动性和参与性的场景，强烈的临场感和沉浸感为他们的感官和情感带来惊喜和刺激，以丰富的文化内涵满足他们的精神需求，完善的产品功能构成了整体的客户价值，成为他们的数字生活和现实生活，使其成为品牌的忠实用户。

场景技术允许市场营销者向越来越多的消费者和潜在客户提供适时体验。商家利用大数据技术和平台，紧抓消费者的个人特质，基于不同的碎片化场景提供用户需要的产品体验。在移动互联网的真实用户体验的场景下，消费者需要体验极致的、鲜活的、及时的、互动的产品应用场景，注重真实场景的移动化，重视消费者的场景体验，只有消费者喜欢的产品才能为商家带来价值。

优质的体验式场景营销需要在敏锐洞察消费者需求的基础上，营造一个有趣的、影响深远的消费场景，借助于节日的情感纽带、文化感召力和社群吸引力拉近品牌与消费者之间的距离。例如，在冰爽饮料的广告里出现聚会吃火锅的场景，在洗衣粉广告里出现小孩弄脏白衣服的场景，这些场景的精心设计让消费者产生一种真实的体验感，容易引起情感上的共鸣。

消费者的消费意愿大多是由场景体验决定的，个性化的体验在场景应用中居于重要地位。商品的生产者和销售者都以体验为中心，创造出不同的应用场景，不断提升消费者的体验感，以消费者的需求和意向定制产品和服务，开发新市场。例如，多肉植物成为文艺青年和白领的新宠，成为一种特殊的符号象征，包含“天然呆”“萌”等情感特质，承载着人们对简单生活方式和态度的向往。围绕多肉植物搭建的场景能满足人们的情感需求，创造价值。正是基于情感的满足，多肉植物成为文艺青年和白领的宠儿，他们在微博、朋友圈等社交平台分享自己的成果，多肉植物的符号和情感价值进一步增强他们的群体认同感与归属感。再如，佳沃蓝莓、马蜂窝、小米、无印良品通过自身的场景化呈现，表现健康、快乐、朴素的生活方式和态度，满足人们场景化情感需求的同时，实现自身的商业价值。

(三)话题型场景营销传播策略

话题型营销场景建构有三个关键点：以场景为中心，以情绪为对象，以数据为驱动。场景是驱动用户的关键，微信红包实现虚拟体验和现实体验的结合。拜年给压岁钱这一传统，通过微信"摇一摇"设计成"抢红包"场景，在春晚舞台上，主持人为在微信平台发红包、抢红包创设话题，为观众搭建了虚拟共在的场景，形成了中国人大年三十边看春节联欢晚会边抢红包的互动方式，有助于主持人与电视机前观众的即时互动，使他们参与到相同的时空维度中，实现了观众的身体在场。发红包、抢红包和观看春节联欢晚会都是在搭建场景，而消费者积极参与的在场状态，使其产生身临其境的感觉，消费者从被动地接收状态转变为主动地感知状态，极大地提升了消费者的参与感。

第五章　网络直播与网络直播营销

2016年被称为“中国网络直播元年”，网络直播开始渗透到生活各个层面。随着网络直播的兴起与发展，网络直播营销也逐渐成为数字时代一个重要的、不可忽视的营销传播形态和营销方式。

第一节　网 络 直 播

一、网络直播的界定

国内关于“网络直播”的概念大致分为两类：一种是网络电视直播；另一种则是我们大家所熟知的“网络直播”，即利用互联网流媒体技术，将实时发生的事情，综合音视频、图像、文字等元素，同步展现给受众，并且能够进行双向实时互动的信息传播方式。本书中所涉及的网络直播主要指后者。

网络直播，是一种新兴的网络社交方式，它可以在同一时间通过网络系统，使用户在不同的交流平台观看视频信息。与传统媒体的直播单向传播相比，网络直播具有实时双向互动性的特点，这就使其不仅具有内容传播的功能，并且具有了社交属性。

最早的网络直播形式是诞生于2005年的PC端口的网页直播，以YY直播、9158、六房间、千帆直播等秀场直播平台为代表。近年来，移动网络技术飞速进步，为网络直播的爆发提供了坚实的基础，使得网络直播不仅更容易实现，而且逐渐呈现出多元化、移动化的特点，进一步强化了网络直播的互动性，社交功能得到了更充分的发挥。

网络直播打破了传统直播繁琐流程的桎梏，如今用户只需要一部手机便可开启网络直播，而观看者只需要一个平板电脑或者一部智能手机，便可以在路上、在家里、在咖啡厅、在地铁等任何场所进行观看。网络直播真正为年轻用户提供了自我表现的舞台，也最大程度满足了用户碎片化的使用习惯。

二、网络直播的特征

（一）实时性

实时性，是网络直播最重要的特点。网络直播是实时在线连接，所以“实时”是最为关键的。网络直播在时间上、空间上都拉近了直播方与观众之间的距离，不同于传统媒体靶向式的单向传播，网络直播的各个环节都能让用户产生身临其境之感，从而激发用户更为强烈的参与感。网络直播打破了时间的局限性，用户可以随时接受与获取内容信息，同时也能够获得即时反馈。因为网络直播的实时性特点，所以其表现形式具有很强的不确定性且更为丰富，能够有效激发用户的好奇心。

（二）真实性

相比早期互联网时代的文字、图片、社交网络等发展形态，网络直播更加真实。在网络直播中，主播的一举一动都能通过语音、图像被观看者立体感知。其不再像早期的论坛、博客以及后来的QQ、微博，可以匿名聊天、私密交谈。这是互联网步入成熟发展阶段后，对真实性的重新呼唤。网络直播的所有内容都不可以后期处理、编辑，观众看到的就是直播者最真实的样子。

（三）互动性

网络直播实时的互动性是其社交属性的重要体现。“弹幕”的存在，使得直播中实时的、高频的、多方位的互动得以实现。不仅主播可以通过弹幕决定话题、内容的走向，保持用户的紧密跟随黏性，而且用户与用户之间，也能够跨过主播这一“中心”，进行即时的讨论，形成“粉丝社群”的小团体。这种在空间、时间真正意义上的即时互动性，保证了主播的直播反馈。

（四）碎片化

移动互联时代，用户的时间越来越“碎片化”。用户往往是基于自身即时性的需求（或娱乐、或专业、或生活、或无目的）来观看网络直播。他们现在使用媒体的自主权极高，可能上一秒还在关注“灾难报道”，下一秒就去翻阅“颜值萌宠”。因此，移动网络直播阶段，碎片化的特征十分鲜明。

（五）场景化

移动传播基于场景服务，是对场景的感知及信息的适配。① 相比 PC 时代，移动网络直播带给用户完全不同的体验。移动网络直播的内容非常碎片化、生活化，它融合了社交、娱乐等诸多需求要素，其空间位置更为随性、个性。移动网络直播打破了社会空间的隔阂，实现了多元场景要素的聚合。使用户能够在观看直播的同时，看见视觉上的空间场景，听到听觉上的“即时在场”以及感受到大量用户评论带来的“群体讨论”。移动网络直播连接了现实与虚拟，碎片化、生活化的即时互动直播内容将抽象、不可触及的虚拟时空，转为用户能够感知存在的现实时空，营造了一个足够“场景化”且能够“沉浸式体验”的氛围。

三、网络直播的发展

2016 年被称为“中国网络直播元年”，但并不意味着网络直播从 2016 年才真正开始，而是预示着网络直播的发展开始步入一个顶峰。

（一）PC 秀场直播

早期的互联网流媒体直播，以 PC 秀场直播为主。2005 年，网络视频网站开始抢占流量市场，进行秀场直播，即以网站直播客户端为载体进行的直播。PC 秀场直播的内容，主要是网站签约主播在特定的秀场直播间进行才艺展示。主播的高颜值、出色的技艺是吸引用户观看的主要原因。然后按照签约比例，分享用户打赏的礼物数额来获得盈利。在当时，PC 秀场直播市场的绝大多数份额，被 YY 直播、9158 及六间房占据。

---

① 彭兰：《场景：移动时代媒体的新要素》，《新闻记者》2015 年第 3 期，第 20~27 页。

YY 语音起初是一款即时语音通讯软件，从 2005 年开始，YY 开始进军网络直播领域，以游戏、主播个人秀的娱乐内容为主，并涉及体育、旅游等多方面内容。此外，YY 开创了一个后来被诸多同行效仿，并维持至今的“网红”运营模式——“公会”模式。

9158 是国内最早由视频社交网站发展成为网络直播的网站。作为同时期的 YY 直播的对手，9158 打造了许多草根明星、平民偶像。不过 9158 最主要的业务，就是以美女主播为主的秀场直播，9158 具有私聊、全屏互动、赠送礼物等功能，为后来的网络直播进行了诸多尝试与探索。

相较于 YY 直播与 9158，六间房于 2010 年才开始同主播签约，开启 PC 秀场直播。尽管比前两者略晚，但其运营模式成熟，直播效果较好，因此在流媒体直播初期能够与 YY、9158 并驾齐驱。

（二）游戏直播

与早期依靠猎奇的内容与主播的高颜值来吸引用户不同，游戏直播的出现真正打破了网络直播原有的发展模式。它将直播与各个领域相结合，对用户开始进行市场细分。游戏直播从内容上可以分为三种：

（1）专业比赛直播，主要围绕各种热门或者用户喜爱的游戏比赛展开；

（2）游戏解说，主要由主播对市场热度较高的游戏进行点评分析；

（3）个人直播，主要是主播直播自己或者他人打游戏的实时过程。

以上三种内容直播有几个共同的特点：首先，主播在网络直播的同时能够与观看的用户进行互动，而用户在主播进行直播时，能够发送实时的弹幕，主播也可以通过这些弹幕来与观看用户进行即时交流；其次，由于游戏直播具有极强的观赏性，吸引了大批黏性极高的游戏爱好者。由于电竞比赛的特殊性，游戏直播的发展仍有很大潜力。

在游戏直播阶段，发展较为成熟的均是用户耳熟能详的几个直播平台，国内主要的游戏直播平台有斗鱼、熊猫、虎牙、战旗、龙珠和火猫；国外主要的游戏平台有 Youtube 旗下的 Youtube Gaming 和 Twitch. TV 等。

（三）泛娱乐类移动直播

随着智能手机的全面普及，以及各类移动直播 APP 的出现，泛娱乐类移动直播(也有称泛生活类移动直播)进入“井喷”式发展。

泛娱乐类移动直播，无论从内容、载体，还是从直播的体验上都有了很大变化。由于泛娱乐类移动直播的内容广泛，所以不同细分领域的移动直播都能够满足各自领域的用户需要。而且，泛娱乐类移动直播的内容较为碎片化、生活化、场景化，直播的内容对用户而言，与其说是“观看”，不如说是“陪伴”“分享”。并且网络直播的门槛极低，UGC 内容海量出现，能够真正给用户带来“共鸣”，满足用户情感上的社交需求，因此泛娱乐类移动直播 APP，如抖音、快手、火山等，才能够在短短几年时间内成为市场主流。

第二节　网络直播平台

一、网络直播平台的分类

网络直播平台是通过网络进行在线即时内容直播的第三方传播渠道，是一种不同于大众传播时代的社交媒体。

直播平台的种类有很多，可以将它们分为以下几类：

1. 版权直播平台

版权直播属于比较传统的直播类型，主要包含活动直播和自制节目直播等。版权直播通常是不能通过卫星电视直播的节目，通过和第三方直播平台进行合作，在互联网时代下，利用互联网渠道扩大影响力；或者可以通过卫星电视直播的节目，选择网络直播平台增加观众的收看渠道。如 2017 年 9 月，时尚芭莎集团与一直播平台合作，全程直播了芭莎慈善夜活动，共有 1.6 亿人在一直播平台上收看或回看了此次活动。汪峰 2017 年岁月巡回演唱会(北京站)与爱奇艺合作，4K 画质、杜比声效、VR 全景、后台直击、舞台全视角机位，直播平台与明星的合作，开创了收看明星演唱会的新渠道。

2. 垂直直播平台

垂直直播是指将直播作为一种传播手段，通过与其他行业的垂直深度合作，达到 1+1>2 的效果。有些行业通过直播平台弥补行业短板，提高收益。如电商行业与直播行业结合，通过对产品进行直播带货，或者直播代购过程，增加产品的真实性和可信度，弥补了电商行业的缺陷。传统的教育行业通过与直播行业合作，开创了在线课堂，实现了教育资源的合理配置，让优秀教育资源稀缺地区的孩子们也能够通过直播平台观看优秀教师的课堂教学。有些行业通过直播平台拓宽消费者的信息获取渠道，提升消费者的品牌忠诚度。如 2016 年 9 月，《鲁豫有约》节目通过熊猫 TV 平台直播万达集团董事长王健林视察万达南昌旅游文化城项目的一天，利用观众的好奇心了解企业家的一天，最后总观看人数达到 500 万，也达到了增加万达集团消费者黏性、宣传南昌旅游文化城、增加熊猫 TV 平台流量和《鲁豫有约》传统媒体节目流量等一举多得的效果。2016 年“双十一”，伊利集团推出了三场直播，宁泽涛和 YIF 吸引年轻消费者群体；Mike 隋生动而精准地介绍伊利几款牛奶产品的不同特色；冠军妈妈杜丽提升伊利品牌的信任度。三场直播，共有超过 10 万用户观看，有 3000 万人互动点赞。可以说，垂直直播是传统企业与直播行业的一次跨界合作，目前来看收获的都是双赢的结果。

垂直直播类平台专注于特定的领域，并且完全由专业生产或者职业从事人员进行相关内容的直播，可以说是电视直播的升级版。这类直播平台在电视直播基础之上加入了互动交流的信息交互渠道，主要针对重要议程、大型活动、突发事件等进行直播。例如，以体育赛事为主的“腾讯体育”，以突发事件、国家议事为主的“央视网络新闻”等。这类直播平台追求客观真实，其直播方式也较为正式、严肃。

3. 游戏直播平台

游戏直播是比较早期的网络直播形式，但一路发展向好，处在投资风口。目前的游戏直播类型主要包含网络游戏操作说明的直播和电子竞技游戏比赛的直播。国内以游戏直播为主的直播平台有斗鱼、龙珠、熊猫、虎牙、战旗等。由于电子竞技游戏比赛需要参与人员在线保持对话和交流，直播的形式弥补了早期文字和语音通话的不便，更有代入感和参与感，因而直播平台在游戏领域的市场前景广阔。

在所有类型的直播平台中，游戏直播类平台是用户黏性最高、市场最大的网络直播平台。随着电子竞技类游戏的迅猛发展，游戏内容也朝着多元化不断扩展，游戏直播具有极为强烈的可观赏性。游戏直播平台，一般是特点玩家（或技术高超，或幽默风趣等）直播第一视角的游戏操作，以获得忠诚粉丝、游戏黏性用户的支持。并且，游戏直播平台还经常直播热门游戏的大型比赛，由专业人员（PGC）或职业玩家（OGC）进行解说分析。以游戏直播起家的网络直播平台，如今都已成为行业翘楚，如国外的 Twitch，国内的斗鱼 TV、虎牙等。

据 2021 年 CNNIC 第 48 次《中国互联网络发展状况统计报告》，截至 2021 年 6 月，中国网络直播用户规模达 6.38 亿，同比增长 7539 万，占网民整体的 63.1%。其中游戏直播的用户规模为 2.64 亿，占网民整体的 26.2%。这些都表明游戏直播在今后的直播平台发展中具有不可替代的地位。

4. 泛娱乐直播平台

泛娱乐直播是包罗万象的直播平台，诸如明星直播、户外直播、熟人社交直播、个人生活直播等都属于泛娱乐直播的范畴。此类直播与主播的特征高度相关，直播内容主要取决于主播和观众的交流互动，带有比较强烈的个人色彩和社交属性。如 2016 年 11 月，青年演员景甜在一直播平台上直播活动前的化妆等日常生活，总共有 4000 多万人实时观看或回看了此次直播。直播中景甜与粉丝互动，全方位地展现了自己的个性，瞬间吸粉不少，并带动了小林制药、HABA 等产品的销售，是明星直播吸粉和带来流量变现的典型例子。此外，还有普通人直播吸粉的例子，如搬砖小伟在快手 APP 上直播在工地上倒立俯卧撑健身，也吸引近百万粉丝。总之，现阶段的直播平台上的内容可以包含人们日常生活的方方面面，直播平台作为互联网时代的新型传播方式，既可以帮助明星进行传播宣传，也可以让普通人一夜爆红。

泛娱乐类直播平台，主要是以用户个人 UGC 模式为主，通过传播泛娱乐类（也有称泛生活类）内容，提供与主播进行实时互动功能的平台。泛娱乐类直播平台的门槛较低，“全民直播”是这类平台的核心理念，直播内容涉及游戏、户外、美食、体育、电视电影、个人才艺秀等生活的方方面面。这类平台直播的内容较为碎片化，能够即开即看，完全符合移动时代的用户习惯。如今大多数直播平台，为了更好地符合市场化需要，也基本在往泛娱乐类直播平台发展，例如，以游戏直播为主的斗鱼 TV、网易 CC，以短视频生产为主的抖音、快手、西瓜等。

二、网络直播平台的内容生产

(一)网络直播平台的内容生产主体

1. 个人主播

网络直播平台的内容生产主体，规模最为庞大的便是个人主播。在平台上，用户只需要满足直播需求的硬件条件与网络条件，经过平台注册，在实名认证之后便可以成为个人主播。随着互联网技术的支持与移动设备的普及，主播的门槛已经变得相当低。

网络直播平台的各主播均是进行自由式探索，按照观众所需进行内容的选择与直播。并且，大多数个人主播在主播与平台用户身份之间来回转换，拥有传者、受者的双重身份，十分了解用户最为实际的需要。

一般而言，个人主播基本分为两类：一类是将直播作为消遣或者分享的业余主播，这类主播在内容生产方面具有更强的主观性、随意性，直播的场景源于个人生活；另一类则是将直播作为主要职业，与平台或包装公司进行签约的职业主播，这类主播在颜值、技艺素养上较为突出，拥有较为稳定的粉丝群体。

但是由于网络直播的不断发展，平台会与脱颖而出的优质主播进行酬劳、待遇、直播时间等款项的签约，以此保证平台用户黏性，最大化深挖用户价值，所以如今的个人主播基本处于这两类之间，没有很明显的区分度。

2. 平台自身

2016年，“中国网络直播元年”的开启，使得大量资本竞相涌入，各大平台不断进行全新的内容探索。

根据用户自主生产的内容，网络直播平台会结合当下热点，自制能够抓住用户眼球的内容节目。例如，虎牙直播就曾经打造了首档野外极限生存互动直播真人秀节目《荒野狂人》；斗鱼直播也曾跨界打造首档旅游直播综艺节目《鱼乐星之旅》，并且推出全网首档直播综艺节目《饭局的诱惑》，均在平台自身和业界取得热烈反响。

这些平台自制的内容直播节目，借鉴了传统电视综艺表现手法，并且在内容呈现与互动交流的形式上更加贴近用户，弹幕与主持嘉宾的即时互动，能够将综艺性、娱乐性发挥到极致，增强平台的用户黏性。

3. 活动主办方

在直播平台中，观看用户最多且最为吸引网络直播用户的是电子竞技类赛事直播。这些赛事通常是时下火爆的游戏，拥有最为忠诚的用户，并且赛事活动数量繁多。但是，由于这些赛事活动通常只能在线下进行，所以能够进行弹幕式互动的网络直播便成为最重要的传播途径。

一般而言，能够成为赛事活动主办方的都是具有相当财力与能力的公司机构，其直播的专业程度不言而喻。活动主办方不仅是赛事承办者，同时也是网络直播内容的生产者，在视觉效果的表现方面更加有优势。并且，赛事主办方一般拥有直播版权，所以往往会吸引各大直播平台竞相购买。

三、网络直播平台的内容生产模式

（一）UGC 内容生产模式

UGC（users generated content）即指用户生产内容。对于网络直播平台而言，UGC 模式是网络直播市场能够发展到如此火爆程度最为重要、最为基本的模式。

网络直播平台这个开放的环境，使平台的用户具有不同年龄、不同职业、不同兴趣等个人特征，并且这些用户既可以是平台直播内容的生产者，也可以是直播内容的观看者。所以，他们更能了解平台用户想观看什么类型的直播，直播的内容也更为多种多样，能够满足各种不同的需求。

但是，由于直播的门槛较低，主播群体的数量较大、素质也参差不齐，因此 UGC 模式中存在直播内容同质化、低俗化，甚至违法等问题。

（二）PGC/OGC 内容生产模式

PGC/OGC（professional/ occupational generated content）即专业/职业生产内容。

随着行业的不断发展，整体内容生产环境的改变使得相关层面的管制及行业规范变得更为完善，在各网络直播平台寻求行业差异化发展的过程中，网络直播平台生产模式早已摆脱了单一的 UGC 模式，向专业的 PGC/OGC 模式进行探索与拓展。

直播平台通过自制节目或者与其他媒体合作，能够保证内容的专业程度，并且平台用户也可以通过弹幕实时互动，参与其中。PGC/OGC 实质是由 UGC 模式演化而来，能够极大弥补单一 UGC 模式带来的问题。

(三)AGC 内容生产模式

AGC(algorithm generated content)即算法生成内容，确切来讲，应该是算法整合并生产内容，指运用系统化的策略机制生成用户所需内容。在用户熟知的领域里，主要以社交网络数据为基础，进行用户的挖掘分析，再通过“推荐”，提供给用户感兴趣的内容。如今日头条的新闻推荐、抖音的短视频推荐等。

AGC 模式，主要根据用户偏好、观看时间等信息，来判断内容的重要程度与传播价值。与前两种模式相比，AGC 作为网络直播的内容生成模式，其运用随着算法推送等技术的发展而不断扩展。该模式运用于基于智能机顶盒的网络电视直播之中，利用算法生成虚拟频道，个性化整合生成符合用户需求的直播内容。抖音平台的直播，也开始利用它擅长的算法为不同爱好的用户推送不同的直播内容，甚至将相同标签内容整合到一个官方直播间，进行实时播放，以减少用户的选择成本与时间成本。

四、网络直播平台的盈利模式

(一)用户打赏

如今，网络直播平台最为重要的盈利模式便是来自于用户打赏。

网络直播平台推出各种虚拟道具，例如，斗鱼直播的火箭、映客直播的豪华游艇等。用户通过绑定银行卡、支付宝、微信等进行充值购买，然后对支持的主播进行赠送打赏。主播与平台之间根据签约的分成比例获得各自收益。由于大多数用户黏性较高，加上特定的冲动消费心理，用户打赏的盈利模式在整个平台与主播获利份额之中，占比始终居高不下。

(二)页面广告

由于网络直播平台具有传统媒体渠道无可比拟的用户流量，并且更具时效性，效果更为直接。因此，网络直播平台已经成为广告商的必争之地。除了通过CPM等主流方式进行广告售卖之外，很多直播平台也在积极挖掘新的广告创收模式。例如，斗鱼直播平台的大多数热门游戏直播间，斗鱼会在页面空白处或视频下方植入横幅广告、专题页面等。

(三)内容付费

内容付费也是部分网络直播平台常见的盈利模式。这些平台直播内容一般较为正式，如体育直播等，并且付费用户能够享受一些特殊道具(如表情管理、喊话喇叭等)。愿意进行内容付费的平台用户，其用户黏性较强，并且对该直播内容情有独钟。

(四)其他模式

除此以外，网络直播平台还有其他的盈利模式，例如页游分成、用户的导流、人气商品的跨界联动等。但无论是何种模式，优质的网络直播内容才是最为根本的保障，这些或明显、或隐蔽的多种盈利模式，都是优质主播人气变现的结果。

第三节　网络直播营销

网络直播营销是随着网络直播的兴起而出现的一种新的营销传播形态和营销方式。

一、网络直播营销的概念与特点

网络直播营销是基于网络直播现场，用户可以通过网络进行实时的交流和互动，营销者可以第一时间收到用户的即时反馈信息，以扩大影响力或增长销售为目的的营销活动。网络直播营销不仅能够让营销主极尽可能地展示自己的商品信息或者品牌形象，同时也能够让用户了解什么时候使用、如何使用、使用后会发生什么等一系列需要亲身购买之后才能体会到的信息，更具说服力。

在网络直播平台上，主播能在短时间内吸引大量的注意力，能够将品牌塑造、用户聚集、营销传播、社区互动和交易变现这些营销因素和谐、顺畅地贯穿起来，这是以往所有平台都不能实现的。如某产品通过直播平台进行新品发布会，可以通过直播内容直接了解产品信息，及时和主播互动沟通，并通过链接直接购买。如此方便快捷的传播、互动、消费一体化的模式促使网络直播营销成为新的、炙手可热的营销风口。

网络直播营销作为一种新的营销传播形态具有如下几个特点：

第一，重主播。网络直播营销过程中，选择自带流量的“意见领袖”级别的主播，比如娱乐圈明星、大企业家、网红等，是快速聚集受众，短时间内吸引注意力的最有效方法。如 2016 年 4 月，Angelababy 直播美宝莲口红产品的发布，在 2 小时内卖出了 10000 支唇膏；2016 年 6 月，茵曼老总老方直播新产品，直播在线观看人数达 77 万；2016 年淘宝“5・17 饿货节”邀请同道大叔、暴走漫画等近百名网红轮流直播，吸引了百万人观看。值得提出的是，虽然在互联网时代，经济生产丰裕，消费者注意力稀缺，但是选择正确和合适的意见领袖仍然是快速吸引注意力的法宝，其效果不容忽视。

第二，重内容。网络直播营销的内容是营销成功的重要环节。直播营销时代的营销内容需要反应快、有特点。比如，针对那些不适合利用明星、网红进行宣传的产品，可以通过接地气、幽默或原创的方式对品牌文化进行解读，从而达到转化变现的目的。如 2016 年 5 月，罗辑思维创始人罗振宇通过小米、映客、斗鱼等平台进行直播售书，首次直播观看粉丝数达 10 万，直播期间累计 55 万人次观看，166 万人次点赞。

第三，重互动。传统的营销方式中几乎没有和受众的即时沟通，整个营销传播过程都是从生产商到消费者的单向传播。在网络直播营销时代，即时的交流与反馈是网络直播平台的最大特点。让用户在直播过程中直接生产内容，可以提高用户的参与度，通过一种人性化的方式将信息传播方和接收方联系在一起，推动营销方式的社会化，增强营销内容和过程的接受度。

第四，重场景。直播营销中的场景指的是在进行直播营销时，将直播的时间、地点、环境等因素考虑到营销过程中来，双向沟通、即时反馈，全方位感受“在场”信息。用户的消费欲望，需要一定的场景刺激才能够有效诱发。网络直播能够深入各种生活、工作的场景之中：上下班通勤的地铁公交里、休闲小憩的街角咖啡厅、伴着声音进行家务劳作的时候等。这些都可以使消费者沉浸其中，激发强烈的消费欲望，进而产生消费动机，以此满足消费者的个性化需要。

一般来说，明星家中、新品发布会后台、某景点等比较接地气的直播环境往往能迅速拉近与观众的距离。此外，与传统媒体不一样的视角也是直播营销可以选择的重要场景。如欧莱雅在第69届戛纳电影节期间，发起了一个名为“零时差追戛纳”的直播活动，邀请了许多明星参与其中，并利用美拍直播红毯前后的全过程。这项直播创下了331万的总观看数、1.639亿的总点赞数和72万总评论数的纪录。同时还创造了李宇春同款色号口红的单日下单量销售纪录。

二、网络直播营销的方式

作为一种实时传播形式和一体化的生产、传播、互动、交易平台，网络直播营销具有自身的优势，于是产生了“网络直播+”效应，也形成了网络直播营销的几种典型方式。

第一，网络直播+电商。网络直播营销中以直播电商最为典型。

在全民化的直播平台诞生之前，电商主要通过微博和微信进行宣传，并通过淘宝、京东等电商平台实现转化。“电商+直播”的模式出现以后，电商可以直接在直播平台上进行宣传和实现销售，减少了转化环节，直接创造价值。

直播电商的合作方式可以分为三种，其一为传统的大电商平台采用的革新办法，即在电商平台上直接添加直播功能，如淘宝电商直播和天猫电商直播。淘宝、天猫每年的“双十一购物狂欢节”上，网络直播的可视性与弹幕交流的即时互动性将“网络直播+电商营销”的特点发挥到极致，加上直播中的人气嘉宾，相关代言的产品，其品牌形象会更加深入人心，如此便促使了更多的订单转化。其二为直播平台与电商平台合作的模式，直播平台为电商平台提供流量和精准广告，电商平台为直播平台创造利益，如快手电商直播。其三为基于直播和电商功能的新型运营平台。如波罗蜜和小红唇，着眼于海外购物实时场景，实时沟通，促进海淘消费。

此外，“网络直播+电商”的营销模式也衍生出了“网络直播+跨境电商”“网络直播+明星带货”和“网络直播+网红+电商”的模式。网络直播营销的核心是粉丝经济，明星们一般拥有较高的知名度，并且粉丝群体较为庞大。作为传统媒体时代明星代言的升级版，网络直播的实时性、互动性、无时空限制、内容形式自由随性等特点，使得明星直播营销的内容一般为较为生活化的细节直播，较好刺激了粉丝的窥伺心理，提高了粉丝的黏性，并自然而然达到营销目的。网络直播的"网红"们，通常都会有特定的粉丝群追逐，虽然整体数量比不上明星的粉丝群体，但是这些观众都具有某种特定的兴趣爱好，内部社群的凝聚力强，其粉丝黏性不可小觑。相较于明星而言，通过"网红"进行人气变现，成本收益比更为可观。

第二，网络直播+品牌。早期的直播平台只是被视为一种实时的互动方式、社交方式和娱乐方式，随着智能手机的普及和移动互联网的完善，越来越多的民众参与到视频传播和直播传播中来，于是品牌传播开始从微博、微信等新媒体转移到直播平台上。在各种信息传播途径和多屏传播的集体轰炸下，企业塑造和维护品牌形象必须建立全方位的立体传播。如万达集团通过与花椒直播平台进行合作，直播内容包含同期发布会现场的后台、职工宿舍、员工食堂等，与其他平台互为补充，全方位展现万达集团的文化。时尚芭莎集团联合一直播平台推出"画出生命线"的公益活动，并通过该直播平台全程直播慈善芭莎夜的现场活动及后台。小米手机通过花椒直播平台营销和进行产品发布会的直播，吸引了无数的米粉。值得提出的是，直播平台与企业品牌宣传的结合确实起到了爆发式宣传的效果，但是并不能完全取代其他传播手段，而是作为一种锦上添花的手段立体展现品牌形象，增加用户黏性。

第三，网络直播+传统行业。传统行业与网络直播进行合作的模式主要是为了帮助传统行业突破瓶颈，增加传统行业的流量。截至目前，传统行业与直播融合取得成效的行业有"网络直播+教育""网络直播+旅游""网络直播+美食"等。传统教育行业与直播的结合解决了传统教育行业资源分布不均和在线教育行业初期受技术困扰不能大规模实现同步课堂的困境。如 2015 年 3 月，吴晓波书友会通过网络直播进行《数据之巅》的线上分享会，一个半小时内共有近 2 万人观看。2015 年，"途途医考"通过网络直播开启了在线培训新旅程。此外，直播平台移动化的特点与旅游类节目可以很好契合，通过直播平台宣传旅游景色，挖掘潜在用户，往往事半功倍。如 2016 年 5 月，王祖蓝与妻子在花椒直播平台全程直播自己在马尔代夫参加集体婚礼的场景，吸引近 40 万网友围观，点赞次数高达 30

多万次。这次活动颠覆了在线旅游业的推广方式，实现了直播内容的高效转化。“网络直播+美食”的结合是利用直播平台真实性的特点，消除消费者与美食行业的信息不对称，增强消费者的信任感。如 2016 年 6 月，京东生鲜联合斗鱼直播平台邀请 50 多位主播参加，现场直播烹饪波士顿大龙虾，共引发数百万人的在线观看，最终的销售额是去年同期的 10 倍。总之，直播平台内容真实、受众广泛、社会化传播、身临其境的特点弥补了传统行业的不足，打消了消费者的疑虑，促进了消费购买。

第四，网络直播+跨界。网络直播营销是直播平台与各种传统产业或互联网产业的结合，通过社交平台或其他平台进行营销传播的一种手段，因而不同的产业都可以参与其中，不同的媒介渠道也可以与直播渠道形成优势互补的多赢局面。“网络直播+跨界”体现了网络直播营销的包容性。如饿了么和 360 公司联手打造“明厨亮灶”工程，直播饿了么旗下餐厅的后厨状况，一方面，有 360 公司为其进行背书，增强了用户对饿了么平台的信任感；另一方面，也增加了 360 公司旗下直播平台的流量。《鲁豫有约》联合万达集团直播万达开业，实现了万达宣传、熊猫 TV 平台流量、《鲁豫有约》节目的三赢局面。

三、网络直播营销的策略

由于网络直播用户的隐匿性，用户不用考虑职业、收入、学历等社会背景因素，因此网络直播营销带给用户并不抵触的消费场景，这种消费心理不知不觉被放大。

无论何种状态，观看网络直播的用户都能在现实空间与网络虚拟空间的共同作用之下，营造出一个舒适的、感觉愉悦的场景。当这种感觉触及舒适区后，消费也就自然发生了：或冲动型、或理智型、或奖励型、或跟风型等。

网络直播营销的策略主要有以下几种。

（一）关注用户需要的互动营销策略

诺贝尔奖获得者赫伯特·西蒙曾经指出：被海量信息轰炸的今天，信息已经不再是最有价值的东西，最有价值的是用户的注意力。在内容上，网络直播营销可以根据用户需求进行直播内容的选择，并且可视性强，能吸引用户的注意力。

网络直播能够与用户进行深入互动，直播中“弹幕”的存在使用户与营销者平等进行实时性的双向沟通，增强用户黏性。网络直播的互动性、真实性等特点，能够切实抓取用户的注意力，深入了解用户需要，消除消费者的不确定或担忧心理，现场感强，比较容易获得消费者信任。

网络为营销者和消费者提供了良好的互动平台，网络直播为互动营销带来强大的用户流量，互动营销策略在网络直播营销过程中充分重视和尊重消费者的意见和建议，改变了传统营销时代用户被动的地位，以更好地达成营销的目的。

（二）细分用户市场的精准营销策略

一方面，由于网络直播的海量内容，涉及的用户情感触点颇多，因此忠实于某一类网络直播的用户自然地完成了用户的细分，并且用户黏性强。另一方面，网络直播平台不仅是信息内容的传播平台，更是一个即时的信息反馈平台。营销者可以更为直接、更加全面地收集用户数据，合理规划营销流程中的细节服务，进行个性化、精准性营销。此外，利用知名主播等进行网络直播营销，可以根据不同直播房间的差异、同样房间用户群体的共性来进行直播营销的运营筹划，增强营销的用户体验，提高品牌忠诚度。

（三）线上线下一体化的整合营销策略

网络直播打破了时空的壁垒，使营销的传播内容能够迅速扩散，并且加深了品牌与用户的双向交流互动。同时，网络直播的海量性、即时性、精准性也可以服务于线上、线下各种需求定位的用户群体，增强用户黏性，完成营销。对于网络直播营销而言，它并非一种单一的、孤立的形式。其营销的形象、品牌是一个整体的、系列的活动，需要保持一定的连续性。要将营销信息的生产、传播的形式与渠道选择综合起来看，与平台用户之间保持良好的双向互动关系。

整合营销传播，实质上是将社群营销、口碑营销、互动营销、病毒式营销等多种方式相结合，以用户为核心，通过网络直播的方式，全方位构筑沉浸式的营销场景，提升直播销售的转化率，形成线上线下相互反馈补充的营销闭环。

互联网技术的发展和直播硬件的不断升级，加之资本注入、产业链逐渐清晰，这些都让网络直播多年积蓄的力量瞬间爆发。在网络上进行直播，不仅能直接真实地展现直播者的传播内容，与观众进行实时互动交流，还能创造出不可忽视的商业价值。

值得关注的是，网络直播营销门槛低、受众广、转化率高、创造的价值大，因而其监管和规范也引起国家相关部门和企业自律组织的重视。2016 年 9 月，国家广电总局下发《关于加强网络视听节目直播服务管理有关问题的通知》，从法规的角度倒逼直播平台走向规范化和制度化。此外，行业自律和社会监督环节也应该得到完善，努力通过优胜劣汰、多方共治的途径促进直播行业的健康发展。

第六章　原 生 广 告

原生广告，顾名思义，其“原生”的特性与广告相融合，通过提供有价值的信息达到“去广告化”的目标，使得原生广告不同于传统的广告方式。

第一节　原生广告的定义与应用

一、原生广告的定义

美国学者 Benway 和 Lane 在 1998 年就提出了“横幅盲”的概念，指出消费者在使用互联网时会有意识或者无意识地忽略这些恼人的横幅广告。① 诸如“横幅盲”这一类的网络行为说明，出于对广告的排斥心理，消费者会逐步有意或无意地避免广告的“干扰”，传统广告靶向式的单向传播已经无法取得预期的效果。消费者对于广告信息的排斥，迫使广告行业必须谋求改变，探求新的传播方式和传播形态。

2011 年 9 月，联合广场(Union Square)风险投资公司创始人弗雷德·威尔逊(Fred Wilson)在 OMMA 全球会议上提出：新的广告形式将存在于网站的“原生变现系统”(native monetization systems)当中。这是“原生”概念第一次出现在广告领域。2013 年 2 月，美国互动广告局(Interactive Advertising Bureau，简称 IAB)举办的年度领袖会议上，“原生广告”成为与会者热烈讨论的新概念。② 同年 6 月，美

① Benway J, Lane D. Banner Blindness: Web Searchers Often Miss “Obvious” Links[M]. Houston, Texas: Rice University, 1998.

② 金定海、徐进:《原生营销，再造生活场景》，中国传媒大学出版社 2016 年版，第 29 页。

国互动广告局召集了一个由164位专家组成的特别小组，试图解决原生广告的定义和标准问题，经过半年的努力，该小组在12月4日发布了《原生广告手册》。该手册也只是提出“原生广告既是一种‘愿望’，也是一系列广告产品类型”。并没能给出关于原生广告的明确定义，所谓的“愿望”是指广告主和发布商希望广告投放能够做到三个一致：与页面内容一致、与网页设计一致、与受众在平台上的行为一致。第一个提出原生广告概念的美国风险投资家弗雷德·威尔逊这样描述原生广告：“原生广告是一种从网站和APP用户体验出发的盈利模式，由广告内容所驱动，并整合了网站和APP本身的可视化设计。”

维基百科的定义是：“原生广告是一种保持与所展示平台的形式和风格一致的网页广告形式。例如，一条广告主推销产品的广告是一篇由网站编辑团队编写的与网站其他内容形式类似的文章。原生就是指广告内容与投放平台的媒体形式保持一致性与连贯性。”①

如何定义原生广告？学界和业界对这一概念至今没有一个公认的标准定义。

Sharethrough的CEO丹·格林伯格(Dan Greenberg)认为“原生广告是一种付费的媒体形式，在这种媒体中，无论在形式上还是在功能上，用户的广告体验都与他们使用媒体其他内容的体验相一致”。

加拿大营销协会主席米奇·乔尔(MitchJoel)认为“原生广告是一种根据技术特征和内容特征，为每一个媒体单独创作的广告”。肯特州立大学的柯林·坎贝尔(Colin Campbell)认为，“原生广告是基于许可的品牌传播活动，这种传播由品牌商发起，随后在消费者的社交网络中传播”。段淳林教授认为，“所谓原生广告，即以融入信息流形式，为目标用户提供高质量内容和优质用户体验，并建立互动关系的多媒体聚合商业广告形态”。② 喻国明教授指出：“内容风格和页面一致、设计形式镶嵌在页面中，以符合用户使用原页面的行为习惯的广告即原生广告。”③赵曙光教授也对原生广告做出过解释，他表示：“原生广告是位置原生、形式原生和内容原生，位置原生突出产品内容高度相关，形式原生强调符合用户

---

① http://en.wikipedia.org/wiki/Native_advertising.

② 段淳林：《整合品牌传播——从IMC到IBC理论建构》(第二版)，世界图书出版有限公司2016年版，第354页。

③ 喻国明：《镶嵌、创意、内容：移动互联广告的三个关键词——以原生广告的操作路线为例》，《新闻与写作》2014年第3期，第48~52页。

的使用期望，内容原生是要带给用户符合逻辑的价值。”

广告的本质是信息传播，是一种具有自身特性的传播形态和传播方式。原生广告本质上还是一种信息传播，不同于以直接或者隐蔽方式进行劝服的植入式广告、软文广告等，降低了广告与消费者之间的对抗性，使消费者能够在特定的场景营造之中接受广告信息，提高广告的劝服效果。首先，原生广告融入媒体的其他信息之中，减少了对于消费者阅读体验的干扰。其次，原生广告基本是满足消费者特点需求的信息传播，消费者在接触广告信息时心情并不排斥。最后，由于原生广告保留了广告的内核，往往是对品牌或者产品进行场景化展示，将其卖点与诉求娓娓道来，所以受到广告主、平台商的认可与青睐。

原生广告就是通过提供给用户感兴趣的、满足用户需求的、有价值的产品或品牌信息，以形式原生、内容原生、场景原生等方式嵌入媒体环境和媒体内容中，与媒介的内容进行有机结合，从而达到良好的营销传播效果。

二、原生广告的应用

2010 年 11 月，福布斯开创了“品牌声音”(Brand Voice，早期也叫 Ad Voice)，并在该栏目上登载了一篇文章——*PS4 vs. Xbox One：Winner Emerges Via Social Media Analysis*，该文章由 SAP 公司利用旗下的数据处理工具产品，对 PS4 与 Xbox 在社交媒体上的表现、口碑等进行多方位对比，并提出购买建议。这与传统广告直接进行广告位置的售卖模式不同，将劝服的广告信息进行深度的内容营销，使消费者能够在基于自我需求满足与自我价值判断之上进行购买，该篇文章当时便创下了接近 10 万的浏览量。“品牌声音”是福布斯通过将网站原生内容管理系统(CMS)向企业营销者进行有偿开放，从而打造的新型的、符合网站形式的全新广告模块，以实现广告的最大原生效果。这是原生广告初级形式的应用。

自福布斯推出“品牌声音”，头四年间，合作商数量提高 27 倍，分享率提高 30 倍，网页浏览量是过去的 50 倍，达到 800 万，为其广告视野带来了巨额收入。① 接着，瞅准商机的《纽约时报》《华盛顿邮报》等国外媒体相继开辟了类似的原生广告模块，并且将这种类型的广告进行熟悉运营。

---

① 韩红星、覃玲：《美国经验：原生广告的原罪与规制》，《华南理工大学学报(社会科学版)》2018 年第 1 期，第 90~102 页。

随着互动技术的进一步发展，亚马逊 Prime 于 2019 年为学生群体推出了一项个性化测试活动“接下来应该看什么?”通过简单的问答测试为会员推荐符合个人需求的内容。

另一个较为典型的便是 Facebook。2011 年，Facebook 推出了名为“Sponsored Stories”(赞助故事)的广告模式，通过这种新型模式，经 Facebook 用户的“点赞”“签到”之手，广告主能够把特定的活动内容变成可仅对该用户好友进行展示的广告。该广告不仅会显示分享或点赞者的姓名、照片以及“点赞”的所有内容和评论，还会显示指向 Facebook 相关页面或应用程序的图片及链接。微信开启的朋友圈广告就是类似的模式。

国内原生广告的发展也十分迅猛，早期主要以内容形式流于节目之中、类似植入式广告的方式。2013 年，在中国国际广告节上，凤凰网提出原生广告应建立以人为中心、基于媒体形态构筑品牌内容的营销体系，并且将其划分为五大方向以促进凤凰网的原生广告发展：新闻化、事件化、娱乐化、人文化、全媒体化，凸显出典型的媒体手法。

另外一位互联网巨头百度也迅速做出自己的反应。2015 年 4 月 5 日，百度推出百度原生广告，表示站长只需“选择与网站内容匹配的文本和图片样式，稍加润色”，“让广告成为你网站内容的一部分”，便可从中获益。同年 5 月 20 日，百度战略投资内容推荐平台 Taboola，Taboola 每月能够向超过 5.5 亿用户推送 2000 亿条内容推荐，Taboola 运用其预测技术对成百上千个实时信号进行解析(包括协同过滤、地理位置信息、社交媒体趋势等)，向百度用户进行个性化的内容推荐。6 月 8 日，百度在日本宣布收购日本原生广告公司 popIn 的控股权，popIn 的 Read 技术能精确衡量用户对内容的接受程度，进而开展更为有效的广告推荐。收购完成后，百度广告平台将会采用 popIn 的 Read 技术和内容推荐技术，进一步完善百度大数据，提高广告投放精度。

消费者更为熟知的，莫非微信的朋友圈广告了。腾讯依托 QQ、微信牢固的用户黏性、庞大的用户流量作为基础，在微信朋友圈根据用户需求，进行个性化的品牌推荐。并且，腾讯对其广告的投放门槛设置较高，广告质量的把关较为严苛。所以相对于其他原生广告，用户对微信的朋友圈广告的体验较好，满意度较高。

爱奇艺自制节目《奇葩说》通过趣味辩论的方式吸引了很多受众，并采用花式广告成功传播了产品和品牌信息。在节目当中，并没有把广告当成一个不能触及的“禁区”。它甚至很大胆地展示给消费者，如马东为伊利谷粒多做的广告“要喝就喝谷粒多燕麦牛奶”，以及“狂拽炫酷X炸天的东风标致308S”等。但这种方式不仅没有引起消费者的反感，反而让各类有趣的广告词成为人们茶余饭后效仿的话语。

这是因为节目使用了消费者乐于接收的广告语言进行表达。节目中采用了主持人巧说广告、辩手说段子、情景剧嵌入等多种广告表达方式，广告的多样化呈现以及方式的新颖性让消费者惊喜不已。同时，广告的趣味性和节目的娱乐定位具有同一性，保持了消费者的媒介接触习惯，表现了节目中广告的原生性。

近几年，今日头条、抖音、西瓜视频、快手等APP火爆市场，进一步使原生广告迸发出传统广告难以匹敌的活力，其市场规模及带来的经济效益，都深化了广告市场的发展势头。根据艾瑞咨询的数据统计，2013年，我国原生广告市场总额为370亿元；2016年，我国原生广告的市场规模增长至1138.2亿元，3年内行业规模增长近3倍，体现了原生广告产业的迅猛之势。2016年，原生广告行业总额占网络广告总市场规模的39.2%，原生广告成为一种重要的互联网广告形式。根据原生广告公司ADYOULIKE于2019年发布的一项原生广告研究数据显示，2020年到2025年，原生广告支出预计将增长372%。这意味着原生广告市场全球总价值将从2020年的858.3亿美元增加到2025年的4020亿美元。在亚太地区，到2025年，市场将从253亿美元增长到1190亿美元。①

在传统的广告传播当中，受众是被接受广告的，这种固化的品牌传播的思维模式在很长一段时间都没有改变。即使是植入式广告这种刻意隐藏广告意图的方式，也仍然是把消费者放在一个被动的接受者位置而不是参与者。但对于长期浸润在信息潮流里的受众，他们很容易甄别“广告”，一旦发现便会对传达的信息产生强烈的抵触情绪。

原生广告为此提供了解决方案，当其被应用到媒体当中，就体现为广告内容

① Adyoulike. Global Native Advertising Market Set to Be Worth Over ＄400BN By 2025, https：//www. prnewswire. com/news-releases/global-native-advertising-market-set-to-be-worth-over-400bn-by-2025-300805997. html.

与媒体内容的一致、广告形式与媒体风格的一致以及符合用户的行为习惯。

不论是内容上还是形式上，原生广告都是对传统广告的一种发展，改变了传统广告、媒体、消费者或用户三者的关系，在满足需求的基础上使消费者或用户融入特定的场景之中，增加广告信息的接受量，以达到促进营销的目的。

第二节　原生广告的分类

在业内的实践过程中，根据不同平台的需求，原生广告衍生出了形式各异的类型。2013 年，美国互动广告局在基于原生广告形式的区别之上，总结了六种原生广告类型：信息流广告（in feed ad units），付费搜索广告（search ads），推荐窗口（recommendation widgets），促销列表（promoted listings），广告内的原生单元（in-ad with native element units）和自定义定制单元（custom）。① 日常中，我们较为熟悉的是信息流广告、搜索引擎广告、新闻性原生广告和 KOL 原生广告等。

一、信息流广告

信息流广告，社交媒体巨头 Facebook 最早于 2006 年推出。2011 年，美国社交平台 Twitter 也正式推出信息流广告。随后这种广告形式得到了各大平台的青睐。2012 年，信息流广告进入中国市场，新浪微博首推信息流产品。2015 年，微信正式引入，在朋友圈导入信息流广告，引发了公众广泛的讨论与互动。2017 年，百度力推"搜索+信息流"双引擎模式。近年来，信息流广告借助以抖音为代表的短视频平台，以精准、到达率高等诸多优点得到迅速发展。

信息流广告是建立在数据库分析基础之上，定位目标消费人群，并在用户订阅、分享信息当中所插入的一种全新的营销推广形式。② 信息流展示与排序方式目前主要有以下三种，即时间顺序、热度顺序和算法顺序。③ 信息流广告的运行

① IAB：Native advertising playbook，http：//www. iab. net/media/file/IAB-Native-Advertising-Playbook2. pdf. 2013/2018-05-13.

② 韩杰：《微信朋友圈的信息流广告研究》，《新闻世界》2015 年第 4 期，第 121～122 页。

③ 李彪：《信息流广告：发展缘起、基本模式及未来趋势》，《新闻与写作》2019 年第 10 期，第 54～58 页。

基础决定了信息流广告极具灵活性，它的广告内容与用户关注的信息高度相关，并且具有一定的社交性。

从运作模式上看，信息流广告基于社交网络、阅读偏好、地理位置或社交+兴趣混合模式，挖掘用户行为习惯和偏好，将信息流广告推送给目标用户；从形式上看，信息流广告是在社交媒体平台上以信息流的形式逐条呈现的广告，其插入时机和频率可以基于具体场景动态调整，① 而且信息流广告形式灵活丰富，极具创意，包括图文信息、声音、视频等；从内容上看，信息流广告能够自然地融入场景之中，嵌入度较高，减少了对于用户浏览体验的破坏。这种针对用户的需求与喜好精准投放的广告往往具有更高的转化率。

此外，信息流广告还有一个优势，它占用的是用户的碎片化时间，用户可以通过工作、休息、通勤、社交的零碎时间，阅读大量的信息流广告。多场景的阅读观看与信息流广告内容相结合，能够为用户带来全场景式营销体验。信息流广告备受广告主与平台商的青睐。根据艾瑞咨询发布的《中国信息流广告用户洞察报告》显示，2017 年，信息流广告的市场规模达到了 557 亿元人民币。② 据艾瑞咨询 2019 年发布的《中国信息流潜力市场展望报告》显示，2018 年我国信息流广告市场规模达 1090.4 亿元，占网络广告市场规模的 22.5%，2019 年我国信息流广告市场交易规模近 1815.6 亿元，同比增长 57%，已成为仅次于搜索广告的第二大网络广告形式。而未来诸多广告形态将会逐渐呈现信息流化，预计 2020 年市场规模将超过 2500 亿元。③

二、搜索引擎广告

搜索引擎广告经历了三个发展阶段：第一代搜索引擎广告是以雅虎为代表的人工进行目录分类的广告形式；第二代搜索引擎广告以关键词搜索为核心技术；第三代搜索引擎广告则包含了人工智能、模式识别、语义分析、认知神经网络等

---

① Kanuri V K, Yixing C, Shrihari S. Scheduling content on social media: theory, evidence and application[J]. Journal of Marketing, 2018(6): 89-108.

② 上海艾瑞市场咨询有限公司：《2017 年中国信息流广告用户洞察报告》，《艾瑞咨询系列研究报告》2017 年第 10 期，第 32 页。

③ 上海艾瑞市场咨询有限公司：《2019 年中国信息流潜力市场展望报告》，《艾瑞咨询系列研究报告》2019 年第 5 期。

智能技术。①

影响搜索引擎广告效果的一个关键变量是广告排名。搜索引擎广告根据收费机制分为定价排名和竞价排名两种。定价排名依据曝光时间以及链接排名高低收取固定广告费用，而竞价排名通过点击收取费用，通过关键词拍卖（keyword auction）来就其网页链接在推广链接区域出现的位置展开竞争。②

目前，运用最广的搜索引擎广告是按效果付费的广告推广方式，即按点击率来进行付费。搜索引擎广告的传播载体为各大搜索引擎平台，广告主首先对广告进行关键词设定，并通过平台拟定的竞价规则进行排序。然后，当用户在该平台上对关键词进行搜索时，相关广告便会出现在页面较为靠前的位置。

搜索引擎巨头谷歌于 2000 年上线了 Google Adwords，最初以简单的 CPM（cost per thousand impressions，每千次展示成本）模式计费，随着技术的进步，增加了转化率跟踪技术，为广告主投放搜索引擎广告提供了更多便利，如今谷歌掌握着全球 70%的在线搜索请求。百度在我国率先使用该广告形式，随后各大搜索平台均采用了搜索引擎广告。搜索引擎广告具有很强的隐蔽性，并且定位目标用户能力强，具有较好的传播效果及转化率。但是随着"血友病吧被卖"以及"莆田系医院"等众多恶性事件的爆发，公众对于竞价排行机制下的搜索引擎广告产生反感，甚至有媒体称竞价排行下的搜索引擎广告是百度的"原罪"。

"莆田系医院"事件以后，国家网信办联合调查组对百度展开调查，要求百度进行整改。自此，搜索引擎广告的推广逐渐规范化。

根据艾瑞咨询 2018 年公布的《中国网络广告市场年度监测报告-简版》显示，虽然搜索引擎广告市场规模目前仍然平稳增长，但是其市场占比却在逐渐减小，由 2013 年的 31.2%下降至 2018 年的 19.5%。③

根据艾瑞咨询《2019 中国网络广告市场年度检测报告》显示，2019 年搜索广告市场规模达 957.7 亿，同比增长 12.4%。2015—2021 年，中国不同媒体类型网

① 曾静平、刘爽：《智能广告的潜进、阵痛与嬗变》，《浙江传媒学院学报》2018 年第 3 期，第 9~13 页。

② 李凯、邓智文、严建援：《搜索引擎营销研究综述及展望》，《外国经济与管理》2014 年第 10 期，第 13~21 页。

③ 上海艾瑞市场咨询有限公司：《2018 年中国网络广告市场年度监测报告-简版》，《艾瑞咨询系列研究报告》2018 年第 8 期，第 55 页。

络广告市场份额中，搜索引擎广告的比重逐渐下降，由 2015 年的 32.3%下降至 2019 年的 21.6%。未来，智能搜索在信息流、短视频多引擎驱动下，可以更精确的覆盖用户，并推动搜索广告市场稳定增长。①

三、新闻性原生广告

新闻性原生广告是原生广告与新闻报道的结合，能够很好地隐藏在新闻浏览界面之中。新闻性原生广告又可以称为品牌新闻，虽然看似拥有新闻的外壳，但是它的本质是品牌的新闻营销，并且绝对不是新闻与原生营销之间的简单相加。

在原生广告中加入新闻的元素，是利用互联网用户对于新闻这一信息形式的信任，对原生广告中相关产品或品牌产生信任感。新闻性原生广告打破了原有的广告“制作—投放”模式，不再由广告主或第三方进行广告制作并利用互联网平台进行投放，而是由专业的新闻制作团队结合品牌特点、新闻事件、用户痛点进行新闻资讯与品牌广告的无缝衔接，它打破了广告内容传播与新闻报道之间的界限。

值得注意的是，新闻性原生广告的本质与“软文”十分相似。甚至有学者认为，“原生广告只不过是在社交媒体时代有了更好听的名字以及更富技巧的包装方式”。② 然而，原生广告尤其是新闻性原生广告与传统软文的巨大区别在于：

(1)新闻性原生广告在网络平台上，用户更多，需求更复杂；

(2)平台运用了大数据及 AI 智能识别系统，将用户的网络浏览路线进行分析，为网络用户进行分类与画像识别，对用户进行精准投放；

(3)传统软文更多的是无差别投放，仅通过平台的不同对用户进行初始且粗略的分类。

所以，相较而言，新闻性原生广告辐射更广，内容更灵活多变，更容易击中用户痛点。

凤凰网是我国最先引入新闻性原生广告的媒体平台，依托其专业的新闻媒体团队与营销团队，走出了具有凤凰特色的原生营销之路。凤凰网研发了实时监测

① 上海艾瑞市场咨询有限公司：《2019 年中国网络广告市场年度监测报告-简版》，《艾瑞咨询系列研究报告》2019 年第 6 期，第 456~537 页。

② 徐达内：《微信公众号的五类商业“变现”模式》，《新闻与写作》2015 年第 7 期，第 10~13 页。

用户的数据平台——“凤眼”。“凤眼”能够对新闻热点与社会事件进行扫描，并对用户行为进行追踪。

例如，凤凰地产频道拥有一个特别的凤凰原生新闻专区，其通过对用户所在地的定位，推送相关地产类原生新闻。以 2017 年 9 月的一篇原生新闻《中国高度·城市篇/ 建设国家中心城市 武汉再崛起》为例，该新闻首先对武汉整体城市发展进行概括。然后对于武汉未来城市规划和利好政策进行了分析，紧接着着眼硚口区，进行区域性描述。最后对某地产项目进行介绍。

从内容上看，一方面，新闻性原生广告以新闻作为表现形式，不直接引入广告主题，而是从宏观到微观层层递进，降低了用户的戒备心理；另一方面，内容精准定位用户需要，切中用户痛点。从形式上看，新闻性原生广告对于关键词进行链接，用户只需要将鼠标光标放置在相关关键词上，即可显示相关附加信息，因此不会破坏用户的浏览体验。可见，新闻性原生广告试图通过建立用户信任和对新闻权威性的认可，来达到对用户的劝服效果。

四、KOL 原生广告

“意见领袖”一词，由传播学奠基人之一的拉扎斯菲尔德在《人民的选择》一书中提出。意见领袖，是指能够更频繁地接触大众媒体，并且更容易了解相关事件发展变化的群体。媒介的相关信息率先由“意见领袖”获得，他们再将相关信息传达给其他人。这些意见领袖往往在公共领域对于舆论能起到一定的引导作用。

在实际的网络营销及互联网广告发布过程中，“意见领袖”逐渐转型成了“关键意见领袖”，既“key opinion leader”，简称 KOL。他们是一群拥有更丰富准确的信息的人，具有庞大粉丝群体，在互联网上具有一定影响力和号召力。

一般而言，KOL 主要分为公知型意见领袖、知识型意见领袖和娱乐型网红。公知型意见领袖，常常对公共领域问题发表看法，并具有一定的专业背景和学科知识，是该研究领域的专家；知识型意见领袖，是指在知乎等问答社区中具有一定粉丝和影响力的互联网用户；娱乐型网红，则是以满足用户的娱乐需求为主，并具有一定粉丝量的群体，较为典型的诸如抖音等短视频生产者。

随着用户碎片化的使用习惯，公知型意见领袖的影响力逐渐减少，娱乐型网红的影响力逐渐扩大。这些火爆的“网红”们个性鲜明，并且能够迎合用户的娱乐需求，他们的这些特性使得粉丝之间具有一定的共性，能够形成相应的圈子，促进彼此之间的交流，更有共鸣。

KOL 原生广告，一般在社交平台中推送，对于用户需求定位能力极强，可以很好地针对粉丝特点进行精准投放与市场细分。通过他们的影响力，积极鼓励粉丝参与互动，传播方式多元化，具有极强的交互性。

由于不同 KOL 所涉及领域不同，特点不同，粉丝群体之间进行了自然区分。KOL 原生广告可以隐藏于普通的社交信息中，用户难以快速进行辨别。同时，该类型广告往往与用户(粉丝)比较关心的话题、领域具有高相关度，用户对于这类广告的接受度往往比较高。

“KOL 原生广告”本质上是一种粉丝经济带动的营销模式，因此具有极高的转化率。这种转化率表现在四个方面：

(1)KOL 在某些领域的专业性得到认可，用户信任 KOL 的推广，从而产生转化率。比如微博上的众多美妆博主，她们具有专业的化妆技术与知识，通过在互联网上分享美妆技巧与产品测评视频吸引粉丝，她们往往通过发布产品测评信息的方式进行广告营销，粉丝相信她们测评的专业性并为之买单。

(2)KOL 具有一定的特殊身份或特性，这种特性使得粉丝愿意相信产品品质。比如社交平台“小红书”，邀请拥有庞大粉丝群体的明星在平台发布视频进行广告发布。视频内容往往与护肤、美妆、美体、服饰穿搭相关，并且视频内容大多以该明星使用相关产品的过程与介绍为主。“带货能力强”的明星一般拥有姣好的面容、紧致白皙的皮肤，她们在进行相关产品推荐时会以“自己日常使用的产品”为名进行推广，作为粉丝的用户会产生“明星也使用这一产品而且效果很好”的信任感，因此产品转化率极高。

(3)“流量明星”带动的粉丝经济，这类 KOL 具有鲜明的性格特征，或者极高的人气，粉丝内部形成了完备的“打榜”“刷单”体系。

(4)随着抖音、快手等短视频 APP 的火爆，一些“网红名人”的影响力已经超越了不少传统明星。用户越来越多元化、碎片化的娱乐需求，使得用户对能够迎合他们且足够“接地气”的“网红名人”更具亲和感。加上这些“网红名人”使用的商品涉及生活各个方面，并且价格贴近普通消费者的经济能力，因此这类 KOL

原生广告能够成为主流也就不那么意外了。

第三节　原生广告的策略

原生广告，作为数字时代营销传播的重要组成部分，不同于传统广告的传播形式，具有自身的传播策略。

一、精准投放策略

原生广告的本质是基于互联网相关技术，在互联网平台上进行投放的一种广告形式。原生广告可以基于大数据技术的支持，绘制用户画像，对用户数据进行分析，从而在平台内实现精准投放。

原生广告可以通过用户的浏览记录与路径，估算并预测用户需求与喜好，从而实现个性化广告内容定制。除了依托大数据，区块链的发展也为数据安全提供了一定的保障，算法的不断完善与算力的增强，为更精准的“千人千面”的广告投放提供了保障。

原生广告的精准投放主要表现在三个方面：(1)内容的精准；(2)时机的精准；(3)位置的精准。其中内容的精准投放尤为重要。2017年，内容分发这个概念十分火爆，内容分发战场已成为各方互联网势力最激烈的角逐之地。① 在广告内容分发上，如今的市场已经逐步形成编辑分发、社交分发、算法分发相结合的模式。

原生广告要实现精确到达目标受众，需要对用户数据进行挖掘、分析、整合和创新。主要操作方式就是通过对用户数据的分析筛选，获得具有指向意义的营销内容和媒体安排。比如，受众容易受到何种媒体的影响，他们通过什么入口进入网站，浏览网站时他们会做什么。在受众使用媒介的全过程进行实时监控，在活动的同时获得数字化的数据，从而指导和优化传播，使内容最大程度匹配媒体，精准地到达受众，满足受众的个性和偏好。精准定向的目的在于让广告受众得到对自己真正有价值、有帮助的信息，为广告受众的生活提供便利，这样会让

① 上海艾瑞市场咨询有限公司：《中国移动营销行业洞察报告——产业篇(2018年)》，《艾瑞咨询系列研究报告》2018年第12期，第47页。

广告受众更容易接受原生广告所传达的品牌信息，对品牌产生好感，从而达到最佳的广告传播效果。

从广告目标制定到广告内容的生产再到广告的投放选择，以及最终对于广告效果的反馈，原生广告围绕的核心就是用户。用户是整个原生广告的核心，从目标制定，到内容适配，再到媒介选择、效果评估，无一不是围绕“人”在做方案，原生广告也让广告回归到商业的本质——满足人的消费需求。

和传统的广告投放模式不同的是，原生广告的投放选择更多是依赖于人工智能算法而不是传统的媒介排期。在内容生成的过程当中，原生广告往往会被设计为针对若干个人群的ABC多个版本，在前期投放的过程当中，采用A/B TEST的方法，在小范围内测试不同版本的效果。通过人工智能对于广告效果的自我学习，从而优化投放的路径，让更好效果的原生广告版本可以得到最大面积的传播扩散。这也是广告生产在互联网时代的一大转变，即程序化购买和智能化传播的结合。在选择原生广告的传播渠道时，要根据原生广告信息发布者的需求和原生广告信息的内容以及形式上的特点，来制定具体的原生广告投放计划，保证原生广告的传播范围更广泛和有效，从而取得更好的广告传播效果。

2016年，阿里巴巴集团旗下大数据营销平台“阿里妈妈”正式对外发布“为媒体赋能AFP”(Alimama for Publisher)，意为媒体打造跨屏广告流量一站式管理平台。AFP能够帮助提供完整解决方案，不设定原生广告的具体样式，只定义原生广告中的广告元素，如图片、文字、点击地址，让移动原生广告产品具备实时定制化能力，使得原生广告更精准、更高效地触达目标消费者。

二、内容契合策略

原生广告是由内容驱动的，内容背后则是基于对用户需求的精准把握。一个高质量的原生广告，需要让广告和内容有机融合，进行有目的的内容推送和品牌价值推广。在设计和制作原生广告内容的过程中，媒体通过对自身特性的了解，利用数字技术手段对关键语义进行技术分析，准确寻找目标用户进行内容匹配，使广告内容化、精准化，从而促成原生广告潜移默化的品牌宣传和深入人心的品牌推广。

在策划原生广告的内容时，要保证原生广告提供给用户使用层面的广告体验，一定要创新独特、别具一格。广告体验要做到差异化和个性化，从而让用户对产品本身的功能和服务满意，也对原生广告的创意产生浓厚兴趣。

本书第二章“数字时代的内容营销”，谈到过内容营销是利用有价值的优质内容满足顾客对信息的需求，创造和顾客接触的机会，这是一种新的营销传播形态，其目的是让顾客对内容本身产生兴趣。从这一点来说，原生广告实质就是一种原生的内容营销，其营销传播的理念便是以人为本，尊重用户的主观感受，并且满足不同用户的个性化需求。金定海教授把原生广告誉为“内容营销的最高形态”。①

在原生广告的创意策划环节，一方面是需要广告代理公司对潜在目标人群所使用的媒体平台有深刻的认知；另一方面也需要内容平台自身提供良好的兼容性和开放性，通过对用户使用的媒介环境和媒介体验进行分析，借力不同传播媒介的特长和优势，将优质原生内容的价值充分发挥，让品牌的价值理念通过精彩的原生内容的全媒体多渠道传播，切实融入受众的生活中去，让受众在心理上得到共鸣和享受，直至实现一种场景式的、沉浸式的体验传播。

策划原生广告的内容时，要注重使内容与品牌、媒体以及消费者能够一起多方互动和交流，加强品牌与消费者心理需求的契合和关系的连接。在原生广告的制作过程中，要让原生广告融入用户的媒介使用过程当中，符合用户的逻辑选择和心理需求，而不是强制性地向用户硬性灌输。因此深入挖掘品牌营销价值就成了原生广告内容制作的重要一环。原生广告要保证提供给用户使用层面的体验有创新性和价值性，同时要有差异化，让用户对产品本身的功能和服务满意。此外，在制作原生广告时，要注意提炼和挖掘品牌的深度内涵和显著特性，用巧妙的构思和创意来帮助提升品牌的认知度和美誉度，以求在广泛的品牌竞争中脱颖而出。

2017 年 3 月，网易云音乐联合杭港地铁共同推出“乐评专列”项目——“看见音乐的力量”。该项目精选了网易云音乐上的 85 条 UGC 精彩乐评，印刷在杭州地铁 1 号线的一列车厢以及江陵路地铁站。杭州地铁将这些打动人心的乐评，在车厢内 360°展示给乘客，以此引发他们的生活感悟，触动他们的情感回忆，或者

① 金定海、徐进：《原生营销，再造生活场景》，中国传媒大学出版社 2016 年版，第 29 页。

传递来自评论的鼓励和治愈，使乘客以阅读的形式，感受到来自音乐的力量。

项目上线当日，便得到媒体及广告营销界的大量关注，成为现象级的全民热议事件。一夜之间，话题刷遍社交平台，引发了所有新闻媒体、社交媒体、公众号、微博，甚至微信朋友圈的热门讨论。据统计，“乐评专列”总曝光量突破2亿，网易云音乐公众号文章阅读量首次突破10万，专栏阅读量近100万次。并且，有超过2000家媒体报道，人民日报、新华社等官方微信公众号也进行了自主传播。

此外，“乐评专列”推出后，网易云音乐各项数据指标和排行获得大幅上涨。网易云音乐在App Store音乐类排行升至第一位；微信指数从54万直线升到了1300万，提高了24倍；百度指数一周内整体同比上升80%，移动同比上升130%；网易云音乐日活上涨150万，堪称“以小博大”的经典案例。①

三、场景共生策略

原生广告的信息除了内容、形式需要满足用户喜好，也需要与场景相共生。智能移动设备的技术支持，为营销与广告提供了新的概念：场景化。场景化打破了原有单一的人与人之间的传播机制，为人与环境的交流提供了可能。

同时，原生广告与场景化的结合实质是针对消费者心理状态而进行的内容营销，它利用空间营造出情境氛围，借助符合设计场景化的生活形态，重塑产品的渠道和链接方式，唤醒消费者在现实场景中可能产生的某种心理状态或需求，并最终促成购买行为。

原生广告可以在特定的环境里，为用户提供个性化的服务与创意性的内容。用户能够快速地与环境及所在环境的其他用户形成独立的、短期或长期的社交圈，并进行交流互动，一方面为用户带来体验感与参与感，打破了用户原有的被动接受信息的固定模式；另一方面，为品牌推广的横向扩展提供无限可能，品牌方可以通过线上线下营销活动相结合的方式，更好地进行品牌推广。

SoLoMo由“social”（社交的）、“local”（本地的）、“mobile”（移动的）三个单词的开头两个字母组合而成，连起来说就是“社交本地移动”，即社交加本地化加移动。它代表着互联网发展的方向，是移动互联网时代整合社会化、本地化、

① 林莹：《2017十大原生广告》，《中国广告》2018年第2期，第57~59页。

移动化的联合模式，该模式的关键便是注重消费者的场景原生，为其提供精准的营销传播服务。

如今，市面上如美团、大众点评之类的APP，便是通过用户分享信息到社交平台，帮助商家进行口碑的传播。同时，入驻的各种实体商家，充分利用LBS定位功能，为平台用户提供周围商家信息。不仅如此，这些APP能够识别用户的个人身份、习惯爱好等，将不同的、差异化的、符合用户需求的服务适时地推送给他们。

这种原生广告的核心，是深度构筑一个适于消费者的使用场景，通过场景构建出一个偏重空间、能够交流互动的环境，基于丰富的用户数据，让用户的个人行为与心理和环境氛围形成情感共振。这种基于场景的原生营销和原生广告，能够根据消费者的消费习惯及使用倾向，为消费者绘制差异化、个性化的用户画像，然后分析其所处的环境并选择有效的触点。

大数据技术为数字时代的原生广告和原生营销提供了最有力地支持。最为重要的一点是它能够帮助广告商和平台上接流量、下接服务，能够使用户在社交平台上自由交互，通过线上营销最大程度将用户带到线下进行消费，再从线下消费回到线上反馈交流的营销闭环。无论是挖掘场景、用户分群，还是对触点的把控，都能够针对不同的消费者，在最合适的情境下向其推送最为匹配的服务，以完成精准传播和精准营销的目的。

第七章　数字时代的品牌传播

数字时代，随着媒介技术的不断发展，迅速崛起的社会化媒体不断取代报纸、杂志、广播以及电视等具有时间和空间限制的传统大众媒体，社会化媒体时代来临。社会化媒体时代，消费者不再被动地接收品牌信息。通过社交网络，消费者拥有了发声与表达的权力，可以主动地传播信息。企业和媒体不再是信息传播的主体，信息传播的方式也不再是垂直线性的单向传播，而是交互网状的。大众信息传播时代过渡到了自主信息传播时代，这也使数字时代的品牌传播相较于传统时代发生了巨大的变化。

第一节　从传统走向数字的品牌传播

品牌传播过程为“将品牌的相关信息按照品牌拥有者的意图编码、传播给品牌利益相关者，从而构建起品牌资产的过程”。① 品牌信息的传播是“品牌机构运用多种传播方式、通过一定的媒介或者直接向品牌利益相关者，传播有关品牌的信息。在传播过程中，传播受噪声的干扰，品牌机构通过对品牌资产的评估来反馈传播的效果”。② 随着媒介技术的发展和社会环境的变化，品牌传播的观念和品牌传播的模式等也在不断变化。

数字时代，品牌传播发生的巨大变化不仅意味着新的品牌传播策略和战术的形成，更重要的是，我们要通过数字时代品牌与消费者之间全新的关系，品牌传播新方式、新模式和新渠道，来从根本上改变对品牌传播观念的看法。

---

① 余明阳、杨芳平：《品牌学教程》，复旦大学出版社 2009 年版，第 179 页。
② 余明阳、杨芳平：《品牌学教程》，复旦大学出版社 2009 年版，第 181 页。

一、新品牌传播观：品牌沟通

品牌传播理论经过数十年的不断发展，从 usp 理论、品牌形象理论、品牌定位理论、360 度品牌管家理论、整合营销传播理论到整合品牌传播理论，随着社会环境的不断变化，品牌传播的理论不断发展，品牌传播的观念也在不断变化。

在数字时代，品牌信息从传播给消费者转向了与消费者进行沟通。品牌沟通成为新的品牌传播观。这其中的原因主要有两点：一方面，大众媒体传播时代，品牌信息通过传统大众媒体进行传播，由于大众媒体的时空局限性，品牌信息大多是片面的，消费者难以通过品牌信息对品牌进行详细多方位的了解。自主信息传播时代，品牌信息可以通过社会化媒体平台进行传播，没有版面和时长的限制，企业可以创作全面、多方位、丰富立体的品牌内容。这不仅激发了消费者与品牌沟通的兴趣，还为品牌沟通提供了丰富的沟通内容。另一方面，大众媒体传播时代，品牌信息是由企业垂直、单向的向消费者进行灌输，消费者处于传播链的末端。企业方往往会将正面的品牌信息强制性传播给消费者。消费者与企业和媒体处于不平等的位置，只能被动地接收信息。而自主信息传播时代，品牌和消费者传受合一，二者既是信息创造者又是信息接收者，消费者传播地位提高。通过社会化媒体平台，消费者可以主动地对品牌内容进行反馈、分享甚至是共创，消费者可以通过这些互动方式与品牌进行沟通。品牌信息传播模式的变化成为品牌沟通的前提条件，社会化媒体平台的发展为品牌沟通提供了媒介技术支持。品牌沟通成为新的品牌传播观。

自主信息传播时代，传统大众媒介的传播权威被不断消解，社交媒体赋予了消费者强大的自主权力。消费者可以自己控制与品牌沟通的时间、渠道及内容等。自主信息传播时代，品牌沟通可以超越时空障碍和物理介质进行沟通，是一种超程沟通。品牌沟通视角下的超程沟通指的是“广告主和消费者以及消费者和消费者之间，超越所有介质，实现真正的无障碍沟通”，是一种具有“双向性、互动性、交融性”的沟通。首先，超程沟通意味着消费者和企业的沟通是直接的交流，具备即时性。这不仅体现在二者之间的沟通可以得到即时的反馈，还体现在二者之间的沟通并不是提前规划的，而是真正的即时交流。其次，超程沟通还意味着消费者之间可以通过互动和感染互相影响，通过沟通互相传播品牌内容形成强大的“口碑场”，继而影响更多消费者，使“消费者之间以前所未有的紧密和广泛程度‘链接’和‘黏连’在一起”。①

二、品牌的互动传播

互动传播具有广义和狭义的概念，“广义上的互动传播指的是传播者与受者之间信息相互交流并且进行相互作用的活动过程。而狭义上的互动传播则是指传播主体之间信息有效流通的传播活动”。②随着媒介技术的发展，互动传播也被不断地赋予新的时代意义。

大众媒体传播时代，品牌信息是一种单向的传播模式。品牌信息由媒体和企业垂直单向地传播给消费者，消费者难以反馈自己对信息的意见和态度，只能被动地接受，因而大众媒体传播时代，消费者难以与品牌进行互动。在自主信息传播时代，传统的单向线性传播模式被打破，社会化媒体使消费者和企业二者既可以是品牌信息的传播者，也可以是品牌信息的接受者。消费者可以自发分享、创作品牌相关内容，还可以在社会化媒体上进行意见交流，在与品牌内容互动的过程中对品牌内容进行传播。消费者自主意识的觉醒和媒介技术的发展让自主信息传播时代的消费者表现出更强的互动参与性，品牌互动传播也逐渐形成。

相对于传统大众媒体传播时代的品牌传播，自主信息传播时代的品牌互动传播具有多种特征：消费者地位提升更具主动性，品牌内容个性化、定制化、精准化，互动传播过程具有即时性，互动传播渠道多样化，传播效果更易于测评。

（一）消费者地位提升更具主动性

自主信息传播时代，品牌内容不再只属于企业，而是和消费者共同拥有，共同营造。消费者也不再处于企业品牌传播链的末端，在社会化媒体的赋权下，消费者可以真正在传播链的顶端与品牌互动共享。此外，消费者的意识觉醒，积极主动地与品牌内容进行互动、分享和共创。在这种情况下，品牌开始转变传播战略，真正把消费者当成品牌传播的重要环节，从消费者视角出发，将消费者视为

① 程明、薛海霞、刘冠伦：《超程沟通——自主信息传播时代的广告传播策略》，《新闻战线》2016年第3期，第48~50页。

② 崔恒勇：《互动传播》，知识产权出版社2015年版，第89页。

完整的人而不是一个传播要素，努力了解消费者期望并满足其需求。

（二）品牌内容个性化、定制化、精准化

品牌内容不再是大众媒体传播时代那样千篇一律，在社会化媒体传播时代，品牌内容逐渐个性化。随着大数据技术的发展，通过算法，平台会将用户感兴趣的品牌内容精准地推送给用户，因此，每个用户接收的品牌内容不再是相同的，而是算法根据用户的画像进行定制化推荐的精准推送。让用户感兴趣的品牌内容能够获得用户的好感，使消费者与其产生情感互动；精准投放的私人定制化品牌内容，能够给用户被偏爱和重视的感觉，让其与品牌产生更高层次的精神互动。品牌内容个性化、定制化与精准化，又反过来让品牌内容更容易与用户产生深层次的互动，从而促进品牌的互动传播。

（三）互动传播过程具有即时性

自主信息传播时代的品牌互动传播具备即时性，这体现在品牌内容在发布过后，消费者借助社会化媒体可以即时与品牌内容进行互动，消费者在互动反馈之后，发布方也可以即时收到反馈，即时性的互动大大提高了品牌传播与沟通的效率。互动传播过程的即时性还体现在用户与品牌之间的互动并不是品牌方提前规划好的，而是用户在看到品牌内容之后自主反馈的，是正面反馈还是负面反馈均由用户决定。品牌方难以直接控制用户与品牌之间的互动，双方的互动既具有即时性，也具有很大的不确定性。

（四）互动传播渠道多样化

随着数字媒体技术的不断发展，企业品牌内容互动传播的渠道越来越多样化。企业在各类平台上的官方账号、企业官方网站这类自有媒体，搜索引擎、各大互联网平台、意见领袖这类付费媒体，以及其他获得媒体等都可以成为品牌内容的互动传播渠道。品牌互动传播渠道的多样化给品牌方更多的选择，企业可以根据不同的目标战略和实际情况，选择更合适的品牌互动传播渠道。多样的渠道也为品牌的互动传播带来了更好的效果，让品牌内容和品牌价值的传播更加广泛和迅速。

（五）传播效果更易于评测

随着数字技术的不断发展，自主信息传播时代的品牌互动传播相对于大众媒体传播时代的品牌传播更易于评测品牌传播的效果。这体现在其具有即时性、可观测性、易统计性等特点。自主信息传播时代，品牌发布者可以即时收到消费者互动的数据，点赞量、评论数、转发率、分享次数、关注人数以及屏蔽量这些数据可以直接在后台看到，并通过专业的统计软件进行统计分析，不需要投入过多成本就可以让每条品牌内容的传播效果十分直观地呈现。

三、品牌的聚合传播

随着数字媒体的不断发展，网络媒体出现碎片化趋势，品牌传播出现长尾化趋势。长尾市场尾部零散细分的非热门产品市场具有相当可观的规模，为了将长尾市场尾部消费者个性化、定制化以及差异化的消费需求进行聚合，形成规模效应，从而获取市场优势，品牌聚合传播逐渐兴起。

（一）网络媒体碎片化与品牌传播长尾化

碎片化是指“社会阶层的多元分裂，并导致消费者细分，媒介小众化”，① 随着消费者地位提升，以消费者为中心的市场发展时期，媒介、品牌逐渐碎片化。“技术导致媒介的碎片化，消费者的个性化需求导致品牌的碎片化”，② 碎片化的品牌、碎片化的媒介以及碎片化的信息也在被新媒介重新黏合、聚合起来。

随着各种“碎片”在网络上被聚合，基于长尾理论的规模的需求化供给这种盈利模式兴起。连线杂志总编辑克里斯·安德森提出长尾理论，他认为：“如果足够多的非热门产品组合到一起，实际上可以形成一个堪与热门市场匹敌的大市场。”③极大的长尾中产品数量乘以相对小的每种长尾产品的销量仍然拥有可观的

① 黄升民、杨雪睿：《碎片化背景下消费行为的新变化与发展趋势》，《广告研究》2006年第2期，第4~9页。

② 参见金鑫、杨静怡、殷黎佳、王茜、王顺、程士安：《碎片化：21世纪营销变化的关键词》，《广告研究》2007年第1期。第16~24页。

③ 参见[美]克里斯·安德森：《长尾理论》，乔江涛译，中信出版社2006年版，第7页。

销量总额，而且随着产品数量规模的不断增加，这个销量总额会越来越大。长尾化的品牌传播路径在一定阈限范围内可以突破原有的功能效应，实现规模价值的聚合与提升。规模的需求化供给正是利用长尾市场尾部的需求定制化市场，使消费者多样化的需求可以形成规模优势，从而形成需求方规模经济。随着规模的需求化供给这种盈利模式兴起，长尾环境下的品牌传播逐渐聚合。

（二）需求聚合

随着消费者收入和需求的提高，消费者的消费偏好逐渐呈现出多元异质化趋势，消费者的需求变得个性化、多样化和差异化。总体市场不断细分，从而满足不同消费者差异化的需求。市场不断被细分的前提是市场的规模化，只有细分市场拥有足够的规模才能保证企业涉足细分市场时能获取足够的利润。企业和品牌应该“以市场细分为基础，相应地打造针对不同目标市场的品牌，从而获得市场总量的聚合”。① 获得市场总量聚合的过程也是聚合消费者需求的过程。通过互联网平台聚合细分市场，企业和品牌将消费者的私人定制化需求进行聚合，利用长尾理论长尾市场尾部的规模效应，从而获得市场优势。

品牌创立子品牌渗入尾部市场是有效的需求聚合策略之一。创建子品牌可以在不影响母品牌市场定位的情况下有效地对碎片化的尾部市场进行开拓，从而逐步聚合消费者的需求和尾部市场。

（三）信任聚合

随着市场的不断细分，单一品牌的明确定位无法契合细分市场消费者的个性化需求，品牌开始通过多品牌战略进行复合品牌扩张。尽管多品牌战略有较高的运作成本，需要对每个品牌都有所投入，但是多品牌战略具有较高的风险抵抗能力，受益于母品牌的市场知名度和美誉度，子品牌可以在品牌传播中借助母品牌的名气与信任，在所针对的目标市场拓展领地。随着品牌不断创建子品牌在细分市场进行开拓，母品牌与子品牌在消费者心中形成的品牌信任逐渐聚合。

母品牌可以为子品牌背书。企业利用母品牌在市场的知名度和美誉度为子品牌进行信誉担保，在保证子品牌拥有一定品牌信任的情况下助力子品牌在细

---

① 舒咏平：《品牌聚合传播》，武汉大学出版社 2008 年版，第 96 页。

分市场进行开拓。当子品牌形成规模，与消费者建立联系并取得其信任之后，也会有益于母品牌的品牌信任。消费者对品牌的信任是基于其对母品牌与子品牌共同的看法，因而，母品牌与子品牌的关联策略让品牌在品牌传播中形成信任聚合。

（四）信息聚合

在消费者需求高度细分且碎片化的背景下，大范围品牌信息的覆盖需要跨越大量碎片化的信息接触鸿沟，从而尽可能将品牌信息传播给消费者。对于品牌而言，需要用传播手段和渠道平台将品牌碎片化、单一的品牌信息聚合在一起，从而在碎片化的信息接触鸿沟中，通过品牌的聚合传播更全面地将品牌信息传播给消费者。

品牌信息聚合传播策略包括："从广告信息出发的聚合，从事件驱动出发的聚合，从品牌人出发的聚合以及从口碑信息出发的聚合。"①

1. 从广告信息出发的聚合

随着网络品牌信息和同质化产品的逐渐增加，对于消费者而言，单一的广告信息难以促使其产生购买行为。消费者需要通过多方信息和品牌口碑的比较来确定购买意愿。因而，企业和品牌将广告信息进行聚合，收录在品牌官方网站之中，可以为消费者提供全面的了解品牌信息的渠道，从而引发消费者的购买行为，形成品牌偏爱。

2. 从事件驱动出发的聚合

各种商业事件、公共关系事件和热点事件可以产生事件驱动的品牌传播效应，企业和品牌将这类事件信息进行聚合传播，不仅可以利用事件的热度将品牌信息进行更广泛的传播扩散，还可以让消费者通过事件信息对品牌有着更为全面和详细的认知。

3. 从品牌人出发的聚合

品牌人包括企业家和品牌形象代言人。企业和品牌可以将品牌人与企业和品牌在相关媒体上展现的行为与话语进行分类整理并存储入数据库，从而聚合品牌人的相关信息。消费者搜索品牌人相关信息时便可以更直观地看到品牌人和品牌

---

① 参见舒咏平：《品牌聚合传播》，武汉大学出版社 2008 年版，第 321~326 页。

相关的信息。

4. 从口碑信息出发的聚合

消费者会在社会化媒体平台依据自己对品牌或产品的感受和体验留下评论，形成口碑，从而影响其他消费者。企业和品牌将品牌口碑信息进行聚合传播，让消费者可以更为直观地感受到其他消费者对品牌的口碑评价，从而更好地建立品牌与消费者之间的信任关系。

第二节 从垂直到交互：品牌建构的新路径

随着自主信息传播时代的到来，品牌与消费者的关系从垂直线性转变为交互网状，品牌建构颠覆了原有的“制度化”进入了新常态，即交互设计的“新制度化”建构的时代。

一、传统媒体时代的品牌建构

传统媒体时代的品牌建构是“制度化”的，“是一种自上而下的、以企业为中心的垂直建构模式”。① 品牌的“制度化”建构指的是“企业遵循长时间以来约定俗成的既有规律按部就班地进行品牌建构，依托传统大众媒介，对目标消费者进行统一地传播，最终在消费者心中构建特定的品牌形象。品牌被体制化了，具有制度化的权威性”。②

（一）品牌建构的实现路径

传统媒体时代品牌建构的实现路径“是自上而下的垂直设计”。企业在进行品牌构建时，首先由企业全权对品牌进行定位设计，明确品牌定位，然后企业通过多种方式包装品牌形象。在此过程中，消费者并不参与企业任何的品牌构建。随后企业通过大众媒介选择有效的广告创意与媒体组合，周期性和系统性地对目标消费者进行持续性、一致性的品牌信息输出，这些品牌信息大部分是“以推销

① 程明、薛海霞：《自主信息传播时代品牌“制度化”的颠覆与“新制度化”的建构——从垂直设计到交互设计》，《现代传播》2016 年第 6 期，第 110~115 页。

② ［美］戴维·霍尔：《大转折时代》，熊祥译，中信出版社 2013 年版，第 224 页。

产品或品牌、实现盈利为目标的营销信息”。[①] 通过这类品牌信息的传播，企业可以向消费者推销和输出统一的品牌形象，并尝试将品牌观念打入消费者的心智。

品牌垂直设计的主要方向是“自上而下的单向线性传播”。在品牌垂直设计中，品牌处于传播链的上游，而消费者处于下游，这就导致品牌可以从上游向下游的消费者灌输品牌信息，而处于传播链下游的消费者难以对接收到的品牌信息进行反馈。这种自上而下的单向线性传播并不利于品牌与消费者之间长期良好的关系的形成。

（二）品牌建构过程中的品牌关系

在传统媒体时代，品牌与消费者之间的关系始终是一种直线性的关系。企业在为品牌进行形象包装、塑造品牌性格之后，会借助于大众媒体将品牌形象信息传播给消费者，通过设计包装好的品牌信息影响消费者，打动消费者，使消费者了解品牌、喜爱品牌并购买品牌产品。在此基础上，传统媒体时代品牌的建构需要持续不断地向消费者进行传播，通过长时间的渗透和累积逐步影响消费者。

在传统媒体时代的品牌建构过程中，企业是品牌进行垂直设计的主体，且在品牌建构中掌握主导权。而消费者只能处于被动接收的位置，难以参与企业的品牌建构之中。首先，企业在品牌的设计中起主导作用。品牌从定位设计到包装都是由企业决定的，消费者难以参与品牌的设计和影响企业的决定。其次，品牌信息是由企业控制和传播的，消费者只能被动地接收品牌信息。

（三）品牌“制度化”建构的局限性

传统媒体传播时代，品牌“制度化”的建构存在着局限性。首先，传统大众媒体的信息传播是单向的传播，品牌与消费者之间缺乏互动的渠道和方式，这导致传统媒体时代的品牌与消费者之间缺乏有效的沟通和交流。其次，品牌利用大众媒介垂直地向消费者进行品牌信息的灌输需要大量的传播费用。企业难以长时间、大范围、高频率的对消费者进行品牌信息的覆盖，过高的成本会限制品牌信

---

① 程明、薛海霞：《自主信息传播时代品牌“制度化”的颠覆与“新制度化”的建构——从垂直设计到交互设计》，《现代传播》2016年第6期，第110~115页。

息传播的效果。最后，品牌信息完全由企业主导和设计，消费者缺乏参与。这会增加品牌的营销阻力，并导致企业和品牌难以与消费者建立全面而广泛的联系，形成稳固而长远的关系。

二、交互性的品牌关系思维

随着社会化媒体的不断发展，自主信息传播时代来临。品牌与消费者的关系从直线性的关系变为交互性的关系。品牌关系的变化意味着品牌关系思维的转变。企业在自主信息传播时代需要从原有的垂直单向线性的品牌关系思维转变为交互性的品牌关系思维，只有这样才能使企业在社会化媒体不断发展的时代抓住机遇，迎接挑战。

从垂直到交互，品牌关系思维的转变也意味着品牌构建中观念的变革，首先，消费者成为品牌传播和品牌关系的中心；其次，交互关系不仅仅存在于企业与消费者之间，还存在于消费者与消费者之间；最后，品牌要建立和消费者的心理连接。

（一）消费者成为品牌传播和品牌关系的核心

随着社会化媒体的不断发展，每个人都可以成为品牌内容的生产者和传播者，品牌内容通过节点化的用户传播给其他用户，“信息成为多点对多点的多向传播”。[①] 消费者不再仅仅是魔弹论视角下毫无抵抗能力的受众，也可以成为品牌内容的发布者和传播者。同样，信息也不再是稀缺的，随着越来越多的人在网上发布信息，互联网上信息海量增加，消费者的注意力成为稀缺资源。因此，在品牌传播过程中，消费者取代了品牌信息，成为品牌传播过程中的核心。传播也是在建构关系，消费者不仅成为品牌传播的核心也成为品牌关系的核心。

对于品牌而言，在消费者地位不断崛起的今天，企业应该重新正视消费者在品牌关系中的地位。企业不能把消费者视为品牌传播中的一个要素，而应该把消费者视为一个完整的人来对待，与消费者进行平等的沟通与合作。品牌应当努力了解消费者的需求和想法，并在满足这些的过程中和消费者建立多层次、多渠道

---

① 程明、薛海霞：《自主信息传播时代品牌“制度化”的颠覆与“新制度化”的建构——从垂直设计到交互设计》，《现代传播》2016 年第 6 期，第 110~115 页。

和多维度的联系，与消费者形成连接。企业将消费者视为具有思想、心灵和精神的完整个体，不仅意味着对消费者的尊重，也意味着企业品牌战略格局的提升。

（二）交互关系也存在于消费者之间

交互关系不仅存在于企业与消费者之间，也存在于消费者之间。从“原有的‘知晓-购买-忠诚’模式进化为‘忠诚消费者-口碑分享传播扩散-普通消费者’这种逆向的传播模式”。① 消费者会将对品牌的体验与看法等相关内容发布在网络上与其他消费者进行分享，从而助力品牌内容的传播扩散，并形成口碑。随着社群的兴起，消费者通过频繁的互动与交流所形成的具有统一价值规范和行动能力的群体聚集在一起，在社群成员的分享交流中，形成强大的口碑场，使消费者之间更容易受到他人的影响。此外，互联网时代的消费者具有流动性，消费者可以游走于各种社会化媒体之间，并在感兴趣的品牌内容处发表意见，吸引并聚合其他志趣相投的消费者，在消费者互动的过程中激发他们的创作热情和灵感，从而共同丰富品牌内容，最终实现品牌共创。

（三）建立与消费者的心理连接

自主信息传播时代，品牌应该与消费者建立心理连接，其中利益连接与情感连接是品牌与消费者之间可以产生的两个层面的心理连接。品牌可以通过折扣、让利、优惠券、红包等方式与消费者建立利益连接，情感连接则需要品牌花费更多精力经营与消费者的关系。通过与消费者建立情感的连接，能引发消费者的广泛共鸣和认同。利益连接可以在短时间内快速建立弱关系，一旦利益消失，关系也难以持续。情感连接则需要长时间的经营，但是能够持续，是稳定的强关系。

通过与消费者建立心理连接，企业可以与消费者建立良好的交互关系，从而更好地促进消费者与品牌的互动，包括体验产品，对品牌内容进行讨论、分享、共创等，这些又反过来促进了品牌内容的生产和传播，与更广泛的消费者建立起心理连接。

---

① 程明、薛海霞：《自主信息传播时代品牌“制度化”的颠覆与“新制度化”的建构——从垂直设计到交互设计》，《现代传播》2016 年第 6 期，第 110~115 页。

三、品牌共创的全新路径

品牌与消费者之间的关系从垂直线性转变为网状交互，也意味着品牌构建全新路径的出现。自主信息时代，品牌制度化的建构转变为新制度化的构建，品牌共创是品牌新制度化构建的全新路径。

与消费者进行品牌共创，消费者可以参与创造品牌内容，消费者的体验可以推动品牌迭代，消费者可以主导品牌价值诠释。首先，消费者可以参与创造品牌内容。自主信息时代，大部分的品牌内容是由消费者创作的。品牌可以通过原创内容吸引消费者，激发消费者的创作欲望，用原创引发共创。其次，消费者的体验可以推动品牌迭代。消费者在体验产品和服务之后，可以在社会化媒体中分享相关的体验感受，形成口碑。品牌在基于消费者形成的口碑场对品牌产品进行迭代。最后，消费者可以主导品牌价值诠释。随着社会化媒体的不断发展，消费者成为品牌内容的主要创造者，消费者依据自身的态度和兴趣，对品牌内容进行评论、分享、创造，在与品牌内容互动的过程中，品牌自身信息传播的力度和强度被弱化了，主流消费者群体的价值取向通过消费者的互动传播开来。因而，消费者不仅仅是一个参与者，他们成为品牌活动和议题的控制者和品牌价值诠释的主导者。

随着社会化媒体的不断发展，消费者占据了信息传播和接收的主动位置，成为品牌活动和品牌价值诠释的主导者。此外，在每个消费者都可以成为信息传播者的情况下，品牌信息传播扩散的成本降低，品牌信息传播速度不断加快。品牌的正面或者负面信息可以在短时间内迅速传播扩散至广大消费者，再经由消费者的社交关系继续扩散。在这种情况下，每个消费者都会成为品牌影响者，而且品牌的负面信息可能会对品牌产生极大的负面影响。在此环境下，基于交互式品牌关系的品牌共创成为社会化媒体时代全新的品牌设计路径。

相比垂直化的制度化品牌构建的路径，基于交互式品牌关系的品牌共创具有更大的优势。首先，企业与消费者互动可以让消费者为品牌的发展指引方向，减少品牌的失误。其次，通过品牌共创，企业可以让消费者产生品牌认同，与消费者建立全面而广泛的关系，将消费者培养为品牌的忠实粉丝。一方面，粉丝会主动参与品牌内容的分享、传播；另一方面，在品牌遇到危机时，忠实粉丝群体也会自发为品牌辩护，帮品牌渡过难关。

第三节　从整合营销传播到整合品牌传播

整合营销传播是20世纪90年代在市场营销和营销传播领域兴起的一种新观念。随着市场环境和传播环境的变化，整合营销传播已经不能适应数字时代的营销环境，随着媒介技术的发展，整合营销传播逐渐演变为对品牌资源的整合即整合品牌传播，整合品牌传播应运而生。整合品牌传播是整合营销传播理论在新时代的新体现。

一、整合营销传播的基本内涵与演进

20世纪90年代，全球一体化导致了全面竞争的格局，信息时代的多元选择产生了传播障碍，让市场营销和营销传播面临着严峻挑战。基于此，整合营销传播作为一种新型的营销传播模式应运而生。整合营销传播将营销与传播全面结合在一起，进而认为“营销即传播，传播即营销，二者密不可分”。①

（一）整合营销传播的基本内涵

美国广告公司协会将整合营销传播定义为：“这是一个营稍传播计划概念，要求充分认识用来制定综合计划时所使用的各种带来附加值的传播手段——如普通广告、直接反映广告、销售促进和公共关系等，并将之结合，提供具有良好清晰度、连贯性的信息，使传播影响力最大化。”②舒尔茨教授所在的美国西北大学麦迪尔学院营销沟通课程教师共同提出：“整合营销传播是发展和实施针对现有和潜在客户的各种劝说性沟通计划的长期过程。整合营稍传播的目的是对特定沟通受众的行为实际影响或直接作用。整合营销传播认为现有或潜在客户与产品或服务之间发生的一切有关品牌或公司的接触都可能是整合营销传播运用与现有或潜在的客户有关并可能为其接受的一切沟通形式。总之，整合营销传播的过程是从现有或潜在客户出发，反过来选择和界定劝说性沟通计划所采

① ［美］海蒂·舒尔茨、唐·舒尔茨：《整合营销传播》，内蒙古人民出版社1999年版，第69页。

② 参见［美］乔治.E. 贝尔齐等：《广告与促销整合营销传播展望》，东北财经大学出版社2000年版，第13页。

用的形式和方法。”①

对于整合营销传播而言，营销的核心不再是促成交易而是与消费者建立长期有效的正面关系，传播的出发点不再是产品导向而是消费者导向，整合营销传播实现了从营销到传播的跨越。此外，整合营销传播还提出了沟通、消费者接触点的概念和双向沟通的策略。这意味着单向的传播方式逐渐演变为双向互动的传播方式，传播功能层次的提高以及传播内涵的扩大。舒尔茨认为，沟通是整合营销传播的核心，品牌和企业通过与消费者进行沟通，从而建立买卖双方、消费者和供应商之间的长期合作关系。

（二）整合营销传播的演进

舒尔茨确立整合营销传播的定义为：“整合营销传播是一个业务战略过程，它是指制定、优化、执行并评价协调的、可测度的、有说服力的品牌传播计划，这些活动的受众包括消费者、顾客、潜在顾客、内部和外部受众及其他目标。”②由于整合营销传播的理论在当时尚处于发展和完善之中，因此，舒尔茨对整合营销传播的概念界定也在不断变化和修正。2000 年，舒尔茨又在《全球整合营销传播》中继续深化了整合营销传播的概念。他认为之前的定义“在本质上是战略，在执行上是战术”，③ 因此又提出了一个新的定义强调“整合营销传播是业务的战略过程”④。但是，舒尔茨的整合营销传播理论也存在主体和核心价值缺位的问题，“没有把与顾客建立良好的品牌关系作为整合营销传播的核心问题，也没有把品牌关系确定为整合营销传播的核心价值追求。这就意味着营销传播主体的缺失”。⑤ 这也导致了舒尔茨的整合营销传播理论缺乏实际操作层面的实施方式。

---

① 参见［美］丹·舒尔茨：《整合营销传播》，中国财政经济出版社 2013 年版，第 48～49 页。

② ［美］唐·E. 舒尔茨，［英］菲利普·J. 凯奇：《全球整合营销传播》，黄鹂等译，机械工业出版社 2011 年版，第 64 页。

③ 参见［美］唐·E. 舒尔茨，［英］菲利普·J. 凯奇：《全球整合营销传播》，何西军等译，中国财政经济出版社 2004 年版，第 65 页。

④ 参见［美］唐·E. 舒尔茨，［英］菲利普·J. 凯奇：《全球整合营销传播》，何西军等译，中国财政经济出版社 2004 年版，第 65 页。

⑤ 张金海、段淳林：《整合品牌传播的理论与实务探析》，《黑龙江社会科学》2008 年第 5 期，第 99～102 页。

随后，汤姆·邓肯将整合营销传播理论进行了完善和发展，并从更高层次提升了该理论，将该理论进一步系统化和科学化，并为整合营销传播提供了相应的操作价值。汤姆·邓肯认为，整合营销传播是“企业或品牌通过发展与协调战略传播活动，使自己借助各种媒介或其他接触方式与员工、顾客、投资者、普通公众等关系利益人建立建设性的关系，从而建立和加强他们之间的互利关系的过程”。①

整合营销传播观点和概念的不断变化，是由于“营销环境的不断变化和人们对整合营销传播的要求不断在提升。从早先重在营销传播的战术和运作，发展到现在立足于营销管理，以此来建立顾客关系的系统化的战略规划”。②

二、整合品牌传播的核心内涵

随着传播媒介、营销环境、消费者行为等的不断改变，整合营销传播理论不断演变与发展，“整合的内涵已经不仅仅是一种传播工具或观念、方法，而是围绕品牌的核心价值，通过数字传播平台，从品牌战略的高度上升到消费者参与、价值认同与品牌精神价值的整合”。③ 而“消费者的价值认同是品牌资产的最重要核心资源和无形资产”，“整合营销传播实质上就是对品牌资源的整合，即整合品牌传播”。④

段淳林在《整合品牌传播：从IMC到IBC理论建构》中提出了整合品牌传播的概念：“企业以移动社会化媒体为主要平台，使用跨媒体整合的方式，围绕着品牌核心价值开展价值共创活动，与消费者互动沟通建立价值关系，使品牌价值突破经济价值上升到社会价值的战略组织传播过程。”⑤对于整合品牌传播而言，“首先社会性的消费群体成为整合品牌传播的主体，其次文化精神价值成为整合

① 段淳林：《整合营销传播：从IMC到IBC的理论建构》，世界图书出版公司2014年版，第65页。

② 张金海：《20世纪广告传播理论研究》，武汉大学出版社2002年版，第141页。

③ 段淳林：《整合营销传播：从IMC到IBC的理论建构》，世界图书出版公司2014年版，第73页。

④ 张金海、段淳林：《整合品牌传播的理论与实务探析》，《黑龙江社会科学》2008年第5期，第99~102页。

⑤ 段淳林：《整合营销传播：从IMC到IBC的理论建构》，世界图书出版公司2014年版，第77页。

品牌传播的核心，再次移动化跨媒体整合成为整合品牌传播的传播形态，最后战略组织传播成为整合品牌传播的运作方式”。① 以上几点共同构成了整合品牌传播的核心内涵。

（一）社会性的消费群体成为整合品牌传播的主体

社会性的消费群体是指“消费者从消费个体向精神个体转变而产生的新型消费者”。② 社会性的消费者概念涵盖的不仅仅是消费层面的人，还包括社会层面和心理层面的人。对于企业和品牌而言，消费者不再是企业商品或者服务的购买者，还是有自己独立意识与主张的人，消费者渴望展示自我，传达价值观念，寻求认同。消费者通过社会化媒体在与企业进行品牌共创的过程中逐渐从消费个体转变为精神个体成为社会性的消费者。社会性消费者成为整合品牌传播的主体。

社会性的消费群体成为整合品牌传播的主体并促使社交化高潮的出现，为营销活动带来直接的利好。社会性的消费群体在展示自我、表达自己的价值观念、寻求认同的过程中会促使社会化交流的出现，使消费者之间建立社交关系。随着互联网用户的日益增加，消费者网络上的社交行为日渐频繁，通过社会化交流，更多的消费者被吸引加入。消费者之间通过社交行为构建的社交关系具有较强的黏性。这也使具有社交性质的产品更容易吸引和留存用户，从而拥有更高的商业扩展性。

（二）文化精神价值成为整合品牌传播的核心

“整合品牌传播的本质属性或核心价值就是通过沟通建立的品牌与顾客以及关系利益人之间的品牌关系。”③品牌沟通不只是产品物质属性与产品特色的沟通，品牌沟通与传播的核心还包括“产品功能性价值、情感性价值、社会性价值

---

① 段淳林：《整合营销传播：从 IMC 到 IBC 的理论建构》，世界图书出版公司 2014 年版，第 81~117 页。

② 段淳林：《整合营销传播：从 IMC 到 IBC 的理论建构》，世界图书出版公司 2014 年版，第 82 页。

③ 张金海、段淳林：《整合品牌传播的理论与实务探析》，《黑龙江社会科学》2008 年第 5 期，第 99~102 页。

和精神性价值"①的动态沟通。

对于品牌而言，传递品牌的核心价值，与消费者进行价值观的传播与沟通是品牌传播与沟通的核心。

品牌的核心价值是品牌的文化精神价值，文化精神价值是指"根植于特定文化的精神价值……品牌传播中的精神价值主要是指以观念形式存在的精神价值，如价值观、理想、道德意识、思想观念等"。② 文化精神价值不同于产品表现的物质和生理需求，是一种价值取向与价值追求，文化精神价值是对消费者认同的价值观、理想道德以及思想观念的演绎与诠释。对于消费者而言，如果品牌传递的价值观与消费者的人生价值追求是一致的，那么品牌便更容易获得消费者的价值认同，也更容易与消费者进行价值沟通。在与品牌进行价值观的沟通中，消费者不再是消费意义上的人，而是社会性的消费者，是与品牌精神相通的消费者。

整合品牌传播正是通过品牌沟通和传播，来传递品牌的文化精神价值，从而与顾客和关系利益人建立品牌关系。其中，文化精神价值是整合品牌传播的核心。正是因为品牌的文化精神价值，品牌才得以成功获取消费者的认同，和消费者建立精神连接，消费者也可以通过品牌展示自我，表达自我意义，进行自我实现。整合品牌传播的过程中，文化精神价值是整合品牌传播各个品牌要素的轴中和中枢，所有的品牌要素要围绕着文化精神价值而凝结在一起。

(三)移动化跨媒体整合成为整合品牌传播的传播形态

随着移动终端的普及，手机成为消费者连接互联网与品牌内容进行接触的重要入口，手机等移动终端的技术融合带来信息传播、媒介环境、消费者习惯与沟通方式以及企业营销模式等多方面转变，整合品牌传播的特性也从整合传播信息、传播手段和发出一致的声音转变为将品牌接触点转移到手机平台，实现品牌文化精神价值的统一性。

移动化跨媒体整合成为整合品牌传播的传播形态。消费者的媒体接触方式逐

① 参见段淳林：《整合营销传播：从 IMC 到 IBC 的理论建构》，世界图书出版公司 2014 年版，第 91 页。

② 段淳林：《整合营销传播：从 IMC 到 IBC 的理论建构》，世界图书出版公司 2014 年版，第 93 页。

渐碎片化，整合品牌传播的重心不在于传播手段和传播平台的整合，而在于品牌接触点的整合。将碎片化的品牌接触点进行整合就成为品牌传播的重要问题，以社会化媒体为主的跨媒体整合可以整合品牌接触点，从而更好地整合品牌传播。移动化是跨媒体整合的典型特征。随着移动智能终端和大数据等技术的发展，消费者的消费习惯、品牌接触和传播方式逐渐数据化，移动终端可以有效进行接触点管理。因而，移动化跨媒体整合成为整合品牌传播的传播形态。

(四)战略组织传播成为整合品牌传播的运作方式

整合品牌传播的“最终目标是价值最大化，本质是战略组织传播”,① 战略组织传播是指“组织主导的、围绕着品牌核心价值展开的内外部品牌资源的整合，以此实现的一致性和统一性传播”。战略组织传播可以整合企业的内外部资源，从而整合品牌传播。“整合品牌传播已不是一种通过传播管理来协调和联合各种传播要素的战术方法，而是组织以整合消费者资源为核心，由外而内战略性整合的过程。”②战略组织传播成为整合品牌传播的运作方式。

“消费者资源成为品牌整合传播中最重要的资源。”③随着消费者地位提升，消费者成为品牌价值诠释的主导者，消费者通过传播分享品牌内容形成口碑场从而影响更多的消费者。消费者对品牌的影响力不可忽视。随着大数据等技术的不断发展，整合品牌传播更加强调收集消费者信息，分析消费者需求，将消费者作为品牌资源进行整合，从而改变消费者的行为。

三、品牌传播的创新与未来

随着大数据、算法以及人工智能等技术的不断发展，媒介环境逐渐发生变化，品牌传播也逐渐步入新的时代，品牌的融合定制传播成为品牌传播的未来发展趋势。

---

① 段淳林:《整合营销传播：从 IMC 到 IBC 的理论建构》，世界图书出版公司 2014 年版，第 110 页。

② 段淳林:《整合营销传播：从 IMC 到 IBC 的理论建构》，世界图书出版公司 2014 年版，第 110 页。

③ 段淳林:《整合营销传播：从 IMC 到 IBC 的理论建构》，世界图书出版公司 2014 年版，第 111 页。

(一)融合定制传播的基本内涵

融合定制传播是随着5G、大数据、人工智能以及云计算等技术发展和媒介智能化趋势形成的一种新的品牌传播方式。融合定制传播是在数据融合、场景需求融合和智能服务融合下形成的定制化的品牌信息传播服务，具有一站式、私人化、定制化、智能化的特点。

不同于社会化媒体发展时代的交互式网状的品牌传播，融合定制传播的基本内涵体现在，首先，未来的品牌信息传播不仅仅是品牌信息的沟通，还是一种满足了消费者品牌信息需求的服务。品牌在满足消费者需求定制智能服务的过程中，将品牌信息传播给消费者，与消费者形成多赢的局面。其次，在场景需求融合的趋势下，线上多个平台的虚拟场景和现下的各个物理场景都可以通过智能媒介将品牌内容与消费者连接，成为消费者的品牌接触点。在万物皆媒的趋势下，各种智能媒体终端可以让品牌信息的传播真正融入消费者的日常生活，为消费者提供接力式、一站式的品牌智能服务，成为消费者生活中不可缺失的助力。最后，未来的品牌信息传播的定制化不仅是基于消费者兴趣爱好的定制化服务，而是真正基于场景与消费者实际情况和单人千面式需求的品牌传播。同一个消费者处于不同的场景，身体处于不同的状态，有着不同的需求，都会接收到差异化的品牌内容，定制化的品牌传播让品牌能真正满足消费者即时性和成长性的需求。

(二)数据融合的背景

5G技术与大数据技术的融合会连通用户在不同平台的数据。促使数据融合，可“通过搭建一个能够实时在线整理数据的数据库对存在于不同媒体平台上的用户信息数据和内容信息数据进行高效重组和融合”①。5G技术与物联网和传感器技术的融合，意味着现今用户数据的采集维度不仅仅局限在线上平台。万物皆媒的时代下，用户与任何媒介物互动时均会产生相关的信息数据。用户场景化的数据采集通过大数据技术整合，于是不同场景下的数据逐渐融合。对于用户而言，其在线上线下场景的相关数据被存储在个人账户之中，这些数据构建了用户数字

① 程明、程阳:《论智能媒体的演进逻辑及未来发展——基于补偿性媒介理论视角》,《现代传播》2020年第9期，第1~5页。

化生存下的虚拟数据身份和更为完善的用户画像。数据融合为品牌融合定制传播提供了基础，也是融合定制传播的形成背景。

(三)基于需求融合的定制化品牌传播

融合定制传播的核心是要满足消费者差异化的需求，从而促使品牌传播与消费者形成多赢的局面。消费者需求场景包括线上的多个平台的虚拟场景和线下的各个物理场景。虚拟场景包括：社交场景、娱乐场景、购物场景以及资讯场景等。物理场景包括消费者的衣、食、住、行场景等。从生物进化的角度来看，人类有两类基本的需求：一是生理需求，也就是保证个体与族群生存的需求；二是探索需求，也就是保证个体与族群的壮大与发展的需求。按照马斯洛的层级需求理论，人类需求由低到高被分为："生理需求，安全需求，社交需求，尊重需求和自我实现。"①自我实现需求是人类最高层次的需求，智能媒体发展最终要实现人的自我实现需求。除此之外，人类还有信息需求、安全需求、决策需求、社交需求等多样化的需求。

随着智能媒体的不断发展，这些需求正逐步被满足。场景数据的融合带来了消费者需求的融合，这也促使品牌内容基于消费者融合需求出现个性化的定制。场景数据的融合构建了用户数字化生存下的虚拟数据身份和更为完善的用户画像。基于此，品牌和企业可以通过人工智能对用户认知模式、行为习惯和个人偏好等进行多方位的分析，并结合用户此时所处场景和用户的实时数据对用户需求进行实时抓取，并基于用户的需求向用户传播定制化的品牌内容，随后品牌可以根据用户的实时反馈对服务进行即时调整，继续丰富用户画像，并在下次向用户传播更适宜的私人定制化品牌内容。除了即时的需求，"可以满足用户对于其未来发展和进步"②的成长性需求也会被纳入品牌对用户服务的考究之中。随着场景数据的融合，智能媒体的不断发展，企业和品牌可以通过智能媒体统筹用户的即时需要和未来发展，在尽量避免用户即时需求和成长性需求之间冲突矛盾的情况下，为用户提供最合适的定制化品牌内容和最恰当的智能服务，从而让品牌融

---

① Maslow A H. A theory of metamotivation: the biological rooting of the value-life[J]. Journal of Humanistic Psychology, 1967, 7(2): 93-127.

② Maslow A H. A theory of metamotivation: the biological rooting of the value-life[J]. Journal of Humanistic Psychology, 1967, 7(2): 93-127.

入消费者生活之中，成为消费者生活中不可缺少的助力。

（四）品牌的智能化服务融合

用户需求的融合会促使智能服务融合。未来一站式私人化、定制化、智能化的品牌融合服务，可以满足用户的融合需求。5G 时代随着物联网的发展，智能终端的海量扩充，品牌接触点、品牌信息传播和品牌服务提供不单单是基于手机终端，而是依托于各种形态的智媒终端，如音响、门铃、电视和冰箱等。企业和品牌可以通过物联网技术连通智能终端为用户提供接力式、一站式的智能服务，连续不间断地满足用户的融合化需求，并促使品牌的融合定制传播。此外，音频、视频、AR、VR 以及 MR 等都可以成为品牌融合定制传播的传播渠道和品牌智能化服务的展现形式，根据场景具体情况和用户偏好，其整合也为用户提供了全方位的品牌内容传播方式、品牌服务表现形式和品牌体验模式。随着智能场景的复杂化、用户需求融合化，单一的智能移动终端远远不能满足用户的融合化需求，只有将各种智能媒体服务进行融合，形成一站式、私人化、定制化、智能化的融合定制传播和融合服务才能满足智媒时代用户繁杂多变的融合化需求，从而更好地进行品牌传播。

第八章　智能营销传播

智能营销传播是由智能技术赋能数字营销传播后，经过演化升级而诞生的新型数字营销传播形态，其构建了新的信息生产与传播模式，实现了品牌方与消费者之间的协同共建，互利共赢。智能化是数字营销传播产业发展的必然趋势，依托大数据与人工智能技术的智能营销传播将会是未来数字营销传播的生存形态。

第一节　智能技术与智能营销传播

智能技术是智能营销传播的诞生基础与发展推动力。随着各类新型智能技术的研发与应用，当下的营销传播产业正在被智能营销传播重构和优化。

一、智能技术的发展

近年来在数字经济的浪潮下，智能技术的发展进入高速时期。在数字化与大数据作为底层技术的基础之上，又迸发出多项给社会和经济带来重大变革的新型智能技术。目前处于核心发展地位并已得到规模化应用的新型智能技术主要包括以下几项。

1. 人工智能

人工智能的概念最早在1956年达特茅斯会议上提出，英文全名为Artificial Intelligence，简写为AI，起初被定义为“用计算机来模拟人类的逻辑思维”。广义上的人工智能等同于“机器智能”的概念，即包含了一切机器具有的智能。

早年间受限于计算技术的瓶颈，人工智能技术的发展较为迟缓。至21世纪初，计算机的计算能力大大提升，基础设备与算法理论同步获得突破，人工智能技术由此开始爆发式发展。自 2016 年以来，全球各大互联网公司都开始进入人工智能领域，比如国外的 Google、Facebook、亚马逊和微软等公司以发展人工智能为核心战略，在人工智能研发方面投入大量的精力与资源；国内的百度、腾讯、阿里巴巴也纷纷创建人工智能研究机构，积极投身 AI 技术研发。

目前为止，人工智能的发展可以分为三个层次：基础层、感知层和认知层。①

基础层的人工智能属于计算智能，即计算机具备超强的存储能力和超快的计算能力，能够基于海量数据进行深度学习，通过历史数据分析指导当下行为。比如电商网站能够根据用户的消费记录、浏览记录分析用户偏好，从而进行商品推荐。

感知层的人工智能属于感知智能，指机器能够模拟人类视觉、听觉、触觉等感知能力的技术，包括图像识别、语音识别、音视频识别以及体感技术手段，比如目前已较为常见的 AR、VR 便是感知智能的应用。

认知层的人工智能属于认知智能，指机器具备和人类大脑一样的思维功能，拥有理解能力、归纳能力、推理能力以及运用知识的能力。比如基于语义理解和知识图谱的智能客服平台，能够准确辨析用户提出问题的含义，理解其中的逻辑，进而给予对应的解答。认知智能相对计算智能和感知智能来说更为复杂，目前仍处于探索与发展中。

2. 物联网

物联网的概念最早由 Kevin Ashton 于 1999 年提出，英文为 Internet of Things，简称 IoT。物联网是一种物物相连的网络，强调将“物”连接进入计算机或是互联网络。它通过前端的感知设备，如红外感应器、GPS 定位系统、激光扫描器等，将海量物理实体连接在一起，从而实现对物理环境和物体的识别、定位、跟踪、监控和管理。②

物联网的终极目标是连接一切物体，让物体能够与其他人、物体、环境或者系统进行数据传递与信息交换，最终使人类能够更好地控制、管理、利用外界的

① 沈浩、袁璐：《人工智能：重塑媒体融合新生态》，《现代传播》2018 年第 7 期，第 8~11 页。

② 中国通信工业协会物联网应用分会、刘伟等：《物联网+5G》，电子工业出版社 2020 年版，第 2 页。

环境与事物。近几年物联网在工业、农业、城市建设等各个领域都得到深入应用，渗透于人们生活中的方方面面，如智能家居设备中通过温度传感器自动控制的通风系统和温度系统，自动驾驶汽车与城市交通系统联网进行双向的实时数据交换，以及工厂中的环保设备对环境污染实时检测等。

3. 5G

5G 技术全称为 5th Generation Mobile Communication Technology，即第五代移动通信技术。作为 4G 的延伸升级，5G 具有高速率、高带宽、低延时、低功耗等特点。在 5G 网络下，传输速率将提升 10～100 倍，最高传输速率可以达到 10Gbit/s，端与端之间的延时将控制在 ms，设备连接密度将扩增 10～100 倍，流量密度提升 1000 倍，频谱效率提升 5～10 倍，为用户带来全新的通信体验。①

除了为日常移动通信提供更高效、更稳定的信号传输服务，5G 还能够应用于多种场景。国际电信联盟(ITU)定义了 5G 的三大类应用场景，即增强移动宽带(eMBB)、高可靠低时延通信(uRLLC)和海量机器类通信(mMTC)。

增强移动宽带(enhanced mobile broadband，简称 eMBB)，其主要功能为大幅提高数据传输速率，峰值可达到 20 千兆比特每秒，并且能够容纳更多的流量。eMBB 主要面向高宽带需求的业务，为移动互联网用户提供更加优质的通信体验，常见应用于在线 4K/8K 超高清视频传输、AR/VR 体验构建等。

高可靠低时延通信(ultra reliable&low latency communication，简称 uRLLC)，其主要功能是使网络传输在极高可靠性下运行，并且使关键基础设施和计算机之间的延迟小于 1 毫秒。URLLC 主要面向对时延和可靠性具有极高要求的业务，常见应用于远程医疗、远程工业控制、自动汽车驾驶等。

海量机器类通信(massive machine type of communication，简称 mMTC)，具有传输数据较小、可容纳设备数量规模巨大的特点，因此能够构建大量自主/半自主设备之间的通信网络。mMTC 主要面向以传感和数据采集为目标的物联网应用需求，包括智能家居、环境监测、智慧城市等。

5G 作为一种新型移动通信网络，解决的不仅是人与人通信以及用户通信体验的问题，更是要搭建起人与物、物与物之间的通信网络。未来 5G 将广泛应用

① 王志勤、罗振东、魏克军：《5G 业务需求分析及技术标准进程》，《中兴通讯技术》2014 年第 2 期，第 2～4，25 页。

于各个行业以及各个领域，成为支撑社会智能化转型的关键基础设施。

4. 云计算

云计算是一种用于处理大数据的技术手段，英文为 Cloud Computing。NIST（美国国家标准及技术研究所）对云计算的定义为（意译）：“云计算是一种能够通过网络以便利的、按需付费的方式获取计算资源（包括网络、服务器、存储、应用和服务等）并提高其可用性的模式，这些资源来自一个共享的、可配置的资源池，能够以最省力和无人干预的方式获取和释放。”①云计算中的“云”是可以自我维护和管理的虚拟计算资源，通常是数以万计的大型服务器集群，包括计算服务器、存储服务器、宽带服务器等。② 简单来说，云计算即是通过网络为用户按需提供廉价的计算服务，用户不再需要耗费大量资源去建设底层网络基础设施，而是能够以低成本的费用直接借助云端网络的强大计算能力完成对庞大数据的储存、传输和高速运算，从而降低整体运营成本。

云计算的服务可以面向个人用户，比如人们通过上传照片至云端服务器来储存或与他人共享，或者通过 WPS 与他人共同在线编辑文档；同时也面向企业和政府，比如“华为云”提供智慧政务云、智慧交通云、智慧制造云等多种云服务方案，建设电子政务平台或企业运营管理平台。

5. 区块链

区块链的概念起源于比特币，英文为 Block Chain，本质上是一种高度去中心化的分布式账本。根据中国工信部的定义，区块链是“利用块链式数据结构来验证与存储数据、利用分布式节点共识算法来生成和更新数据、利用密码学的方式保证数据传输和访问的安全、利用由自动化脚本代码组成的智能合约来编程和操作数据的一种全新的分布式基础架构与计算范式”③。区块链中的“区块”，是指使用密码学而产生的相互关联的数据块，每一个数据块中包含了多条经过有效确认的信息；“链”则是指通过“时间戳”把多个区块有序衔接在一起，从而对数据进行储存。

① 周洪波：《云计算：技术、应用、标准和商业模式》，电子工业出版社 2011 年版，第 218 页。

② 刘鹏：《云计算》（第三版），电子工业出版社 2015 年版，第 4 页。

③ 中国工业和信息化部信息化和软件服务业司：《中国区块链技术和应用发展白皮书（2016）》，2016-10-18，第 5 页。

由区块链技术所形成的数据库，具有不可篡改、不可伪造、可追溯等特点，能够有效解决目前大数据生态中存在的数据整合和数据安全等问题，从而有效降低数据的应用成本，充分激活数据价值。① 区块链技术目前集中应用于金融服务、供应链管理、数字资产管理、物联网等领域。

二、智能技术赋能营销传播

人工智能是智能营销传播的核心技术，但由于现阶段人工智能仍是弱人工智能，对于营销传播的智慧赋能有所局限，需要借助大数据、云计算、区块链等其他智能技术的辅助共同完成智能营销传播。② 在人工智能与其他多项智能技术的结合之下，智能营销传播相较于早期的数字营销传播模式在多个方面得到了发展与升级。

1. 营销传播流程的智能化

人工智能最初在营销传播领域的应用主要表现为程序化购买广告、实时竞价以及流量数据分析等方面，后来逐渐拓展至营销传播运作的全流程，从而对营销传播完成了整体性的智能化重构。

人工智能对营销传播流程的智能化重构具体包括智能洞察、智能创作、智能投放和智能反馈四个方面：智能洞察是指通过对用户大数据深度挖掘，构建全面立体的用户画像，分析用户偏好并预测用户的未来需求；智能创作是指根据用户需求来组合搭配各类内容素材，自动化批量生成匹配不同用户的个性化内容；智能投放是指通过构建算法模型生成程序化投放工具，自动选择合适的场景、合适的时间以及合适的渠道将内容精准推送给对应的用户；智能反馈是指实时监测营销传播的效果和用户反馈，并借助机器深度学习来即时应对，做出调整和优化。

在以上的流程中，人工智能以模拟人类的思维方式代替人类完成海量重复性、机械性的工作，从而降低人力成本；以数据和算法实现运作流程的精准化，从而大幅提高营销传播效率。人类智慧与机器智能形成了协同共振，共同推动营销传播的进化。

---

① 周茂君、潘宁：《赋权与重构：区块链技术对数据孤岛的破解》，《新闻与传播评论》2018 年第 5 期，第 58~67 页。

② 程明、程阳：《智能技术时代营销传播的变革与智能营销传播的未来发展》，《现代广告》2020 年第 9 期，第 29~33 页。

2. 消费者信息采集的全面化

5G与物联网的结合为智能营销传播提供了更多收集消费者数据的渠道和方式，并且能够获取更多维度的消费者数据，从而构建全面的消费者信息集合。

在早期数字营销传播中，消费者信息的采集主要依靠消费者所使用的移动通信设备，即智能手机或平板、电脑等，这些移动通信设备对信息的采集具有一定局限性，主要集中于消费者在设备和互联网上进行操作行为所形成的数据。在物联网的连接之下，智能手机不再是唯一的信息采集来源，人们家中的家具用品、可穿戴设备，还有在外界场所接触到的物品都能够植入传感器，对消费者数据进行全面采集与整合。比如沃尔玛公司于2018年申请了“一款带有生物识别反馈手柄的联网购物车”的专利，这种购物车上搭载了各类传感器用于收集顾客的心率、温度、握柄的力度和时长以及购物车的推行速度等数据，这些数据可以帮助员工迅速发现消费者的需求，通过了解购物者对特定条件的反应改善整体消费者的购物体验。

3. 营销传播精准性与匹配度的提升

首先，精准化营销传播需要充足的用户数据作为决策依据，而消费者每天产生的大数据是极为庞大且复杂的，其中包含文字、音频、视频、地理位置、网络日志等结构化数据、半结构化数据和非结构化数据，对这些数据进行深度分析需要大量计算资源，许多中小型企业并不具备这种技术条件。借助云计算技术，品牌方能够获取充足的算力对消费者大数据进行深度挖掘，通过内容识别提取关键要素，并通过等级和置信度对相似的数据进行聚合，形成具有代表性的消费者标签。① 这些消费者标签又会与不同的内容标签、品牌标签、场景标签进行匹配，从而根据数据标签实施精准化的、与消费者高度匹配的营销服务。

其次，人工智能技术的发展使营销传播的内容分发机制随之升级为智能分发模式，通过算法建模和深度学习提高分发精准度与效率。比如今日头条的推送机制，是在建构用户标签的基础上对用户进行兴趣建模，通过深度学习来调整推送算法。目前，今日头条的推送机制除了基础的根据标签进行匹配以外，还会采用“过滤噪声”（过滤停留时间短的点击行为）、“惩罚热点”（对用户在热门文章上的

① 程明、程阳：《智能技术时代营销传播的变革与智能营销传播的未来发展》，《现代广告》2020年第9期，第29~33页。

动作做降权处理)、“惩罚展现”(如果一篇推荐给用户的内容没有被点击，接下来将会降低其权重)等复杂的策略和手段。①

此外，通过5G结合物联网可以实时收集消费者的反馈信息并及时做出相应调整，进一步保障营销传播的精准度与匹配度。比如英国媒体公司Ocean Outdoor研发并投放了一批内置人脸识别技术的智能广告牌，这些广告牌能够分析用户的行为，记录路人观看广告的时长和情绪反应等，为广告主评估广告效果并根据用户反应切换不同类别的内容显示。

4. 营销传播信任体系的重构

在利益的驱使下，部分利益方通过技术手段向广告主展示虚假流量并从中获取高额利润，或是利用信息不透明和网络监察漏洞向消费者传递虚假、夸大的广告信息，这类行为的盛行加剧了整个数字营销传播行业的信任危机。区块链技术能够有效地解决营销传播中的欺诈问题，重新建立广告主、平台方、代理商和消费者之间的信任关系，重构数字营销传播产业的信任体系。

针对虚假流量问题，利用区块链的智能合约功能，所有数字营销传播内容的展示次数、点击率、销售转化率等真实数据都将被记录且无法篡改，因此类似“刷好评”“刷赞”“刷点击率”等违规行为将暴露无遗，相关利益方无法再利用资本操纵数据结果。同时区块链中的信息是公开的，广告主可以随时对数据进行检查核对，验收营销传播效果。国外广告科技公司MetaX利用区块链技术开发了名为“adchain”的广告交易平台，通过在广告素材上添加代码，使广告主及代理方能够追踪广告在被哪些用户浏览、在哪里被展示以及有多高转化率等信息。

针对欺诈性广告问题，区块链技术能够对营销传播全过程进行记录、追踪、上传与永久储存，并向消费者完全公开，通过这种操作构建公开透明的营销传播信息系统，从而在源头上消除营销信息造假的可能性。比如2018年天猫国际开始启用区块链技术，跟踪并上传跨境进口商品的物流全链路信息，供消费者查询溯源，打击商品物流信息造假。

三、智能营销传播的内涵

“智能”与营销传播的结合，催生出营销传播的新业态——智能营销传播。

① 卢迪、韩银丽、徐玥：《移动传播技术发展背景下的传媒智能化演进》，《中国编辑》2018年7期，第78~81页。

目前由于智能营销传播仍处于发展初期，其内涵一直随着智能技术的变革而不断丰富和更新，因此对于智能营销传播这一概念的界定，学界尚未形成统一的定义。

在早期的智能营销传播相关研究中，国内外学者大多数以大数据和算法为研究核心，由此诞生了"计算广告"的概念。计算广告是"以数据为基础、以算法为手段、以用户为中心的智能营销方式，它在数据的实时高效计算下，进行用户场景画像，并快速投放、精准匹配及优化用户一系列需求"①。计算广告以数据和算法为核心驱动技术，其对人工智能的利用仍处于基础的"计算智能"层次，是智能营销传播在发展早期的初级形态。

近年来，在人工智能、5G、物联网等新型智能技术的推动下，数字营销传播的形态完成了由"计算"到"智能"的蜕变，关于智能营销传播和智能广告的研究也开始呈现爆发性增长。智能营销传播是计算广告的优化和升级，由"计算智能"到"感知智能"再进化到"认知智能"，在大数据与人工智能的基础上实现了更高形态的智能优化。智能营销传播本质上是不断智能化的技术在营销与传播场景中的使用，它是以消费者的真实需求为中心，以大数据、人工智能、5G、云计算、区块链等智能技术为基础，通过内容和创意与消费者建立深层次连接的个性化、精准化的营销传播模式。②

第二节　智能营销传播的创意

从传统营销传播到数字营销传播，再到当下正在发展中的智能营销传播，创意一直是营销传播的核心环节。在大数据、云计算、虚拟现实和人工智能等智能技术的支持下，营销传播中的创意生产与传播正在经历深刻的变革。

一、智能营销传播的创意特征

随着智能技术的发展和智能媒体终端的普及，智能营销传播产生了新的创意

---

①　段淳林、杨恒：《数据、模型与决策：计算广告的发展与流变》，《新闻大学》2018 年第 1 期，第 128~136，154 页。

②　程明、程阳：《智能技术时代营销传播的变革与智能营销传播的未来发展》，《现代广告》2020 年第 9 期，第 29~33 页。

特征。智能化背景下的营销传播创意，不仅包含受众营销体验感的提升，同时也建立了广告主与受众之间的连接关系，实现营销传播创意的广泛分享与二次创作。①

1. 创意空间的智能化

智能技术赋能下的互联网数字媒体具有多元化的信息来源和多样化的信息载体，使营销传播在创意表现上不再拘泥于媒介或元素的简单组合，而是具有了更广泛的平台与空间。智能技术能够根据不同受众群体的特征、偏好与需求，生成定制化创意作品与精准化营销方案。智能技术与数字媒体的发展打破了品牌方和消费者之间的时空壁垒，智能营销传播创意不再是滞后性、独立性、一次性的视听呈现，而是通过品牌方和消费者的双向互动来实现综合性的智能化创意生产与传播流程。

2. 创意生产的参与化

互联网媒体平台的开放性使用户的主体意识与参与营销传播的主观意愿不断增强，智能媒体即时性、交互性的媒介特点为用户提供了参与营销传播创意生产的基础条件。在智能营销传播流程中，用户的身份不仅是营销传播信息的接收者，同时也成为营销传播创意的生产者。用户既能够通过对营销信息的选择与控制，向广告方进行创意结果反馈，也能够主动对创意要素进行二次创作与重新组合，丰富创意的内涵，使创意更加贴合消费者的需求。

3. 创意传播的场景化

场景化，由移动设备、社交媒体、大数据、传感器和定位系统支撑构成。②智能营销传播中的创意场景化，强调的是在特定时空下构建不同维度的场景环境，为用户提供“时空一体”的创意体验。智能营销传播能够融合时间与空间、线上与线下、现实场景与拟态环境，构建消费者所处的真实全场景进而向消费者传播相对应的创意内容，从而实现创意传播与实时场景的深度契合。

4. 创意体验的立体化

传统广告一直致力于建立视觉与听觉的要素组合，为用户带来刺激性信息接

---

① 参见程明、张蒙：《智能广告创意的特征，内涵与发生逻辑》，《现代广告》2021 年第 15 期，第 5 页。

② ［美］罗伯特·斯考伯、谢尔·伊斯雷尔：《即将到来的场景时代》，赵乾坤、周宝曜译，北京联合出版公司 2014 年版，第 11 页。

触，从而吸引消费者注意力并影响消费者认知。而在注意力稀缺的数字营销时代，单一的感官体验已不能够满足消费者。智能营销传播为消费者建立起更立体化、更全面的创意体验，一方面，通过运用“VR/AR”与“虚拟触觉”①等技术，能够在视觉、听觉、触觉等多方面增强用户的立体化体验，使用户获得更强的沉浸感、在场感和互动感；另一方面，用户实时体验所形成的数据结果也将被用于改进与优化创意体验的技术、内容与表现形式，从而不断提升用户的创意体验感。

5. 创意效果的可视化

传统营销模式中广告与广告创意的效果是抽象化的、难以观测的。进入智能技术时代，大数据与智能算法技术结合而形成的创意优化算法技术，为创意设计人员实时分析创意效果提供了数据支持，实现了创意效果的可视化和实时优化。在创意生产过程中，创意优化算法首先将不同创意元素进行多要素排列组合生成海量不同的广告，然后进行投放，并依照广告主的需求对这些广告进行有针对性的效果测试。根据消费者的实时反馈结果，创意优化算法会自动选择效果更好的创意元素，摒弃效果不好的元素，从而高效率地找到并生成效果最佳的创意组合。②

二、以智能算法为核心的程序化创意

智能时代，营销传播的创意生产流程产生了全新的形态，逐步由传统的以人类智慧为核心的人工创作演变为以智能算法为核心的“程序化创意”。近年来，程序化创意已实际应用于智能营销传播领域，成为创意生产的重要模式。

程序化创意，英文为 programmatic creative，是以智能算法为核心，基于大数据对广告创意要素进行自动化动态组合并进行精准投放，实现广告创意与用户的

① 注释：“虚拟触觉”是由日本产业技术综合研究所研发的最新技术，使用其研发出的一种小巧的手握式设备，通过设备发出的特殊振动波来刺激皮肤，传递信号“欺骗”大脑，从而让人获得各种触感体验。

② 黄琦翔、鞠宏磊：《大数据时代广告创意的新趋势》，《浙江传媒学院学报》2016 年第 2 期，第 54~57 页。

场景和需求个性化精准匹配的创意生产机制。① 程序化创意不再是依赖于从业人员经验的生产模式，而是以真实数据为依据精准洞察用户，以智能算法和机器学习辅助分析与决策过程。程序化创意通过对用户数据的捕捉与分析，将产品信息、文案、图片、视频、音乐、活动等创意元素进行组合生成海量创意内容，在同一广告位上根据不同的用户特征与场景实施差异化创意内容投放，并收集用户反馈用于优化创意，从而实现营销传播创意生产的自动化、精准化与高效化。

根据段淳林教授提出的 RECM 模型，程序化创意的特征可以总结为四个关键词：用户相关性（relation）、场景匹配（environment）、内容适配性（content）和用户协同性（matching）。②

1. 用户相关性（relation）

程序化创意中的用户相关性，是基于用户的特征、偏好与需求进行创意内容的精准推荐。程序化创意的算法推荐模型会对创意要素的属性与用户的需求进行匹配，具体包括关键词匹配、分类匹配、来源匹配、主题匹配等显性的匹配和用户向量与内容向量等隐性匹配。

程序化创意在内容投放之前，会预先与平台方合作，提前进行用户数据对接与投放规则设置。在进行程序化广告投放的过程中，智能系统会自动寻找并触发符合广告主投放条件的广告位，借助 DCO（动态创意优化，dynamic creative optimization）分析该广告位所能够触达的不同用户群体的属性及行为，判断出何种内容最符合用户的偏好与需求，从而在广告位上展示与用户特征相匹配的创意内容，使广告创意的投放更具针对性和精确性。例如，一位消费者在近期高频次地点击并浏览某类内容，当该消费者暴露在广告位前时，DCO 系统根据平台所提供的用户数据能够判断其对于创意的偏好类型，从而自动挑选同类型的创意内容向该消费者实施推送。

2. 场景匹配性（environment）

随着互联网技术和移动终端技术的发展，营销传播的用户场景变得愈加多元

① 段淳林、任静：《智能广告的程序化创意及其 RECM 模式研究》，《新闻大学》2020 年第 2 期，第 17~31 页。

② 参见段淳林、任静：《智能广告的程序化创意及其 RECM 模式研究》，《新闻大学》2020 年第 2 期，第 17~31 页。

与分散。消费者在不同的场景中具有不同的行为习惯、情绪特征和需求倾向，数字时代的创意内容需要与多样化、动态化的用户场景相匹配，才能为用户营造更立体化、沉浸化的体验感。

程序化创意能够根据用户所处场景的变化进行动态化内容推送，使广告创意的效果更为显著。借助 GPS 定位与传感器等技术，程序化创意能够实时捕捉用户所处场景，与用户实现包括地理位置、时间、现实环境、媒介使用环境等多维度的场景匹配，根据场景数据对用户当下可能产生的行为、情绪与需求进行预测，自动生成符合场景的创意内容，通过场景匹配和精准传播使创意融入用户的日常生活，增强营销传播创意体验的沉浸感。

3. 内容适配性(content)

内容适配性是程序化广告的核心特征，即实现广告创意内容的动态生成与智能匹配。程序化创意先对创意内容实施“元素降维”，将一个创意拆分成各种创意元素，包括品牌信息、图片、文案、音乐、视频、背景、活动等，这些创意元素组成了“创意群组”。创意群组将围绕同一个品牌或产品的各种创意元素储存在一起，在创意生产时通过创意编辑平台提取不同类型的元素进行重组，生成与目标用户匹配的创意内容。借助 DCO 系统，创意群组能够根据储存的创意素材大规模产出多种版本的创意内容，不仅提高了创意产出效率，同时也适配不同用户的差异化内容需求。

在创意优化方面，程序化创意在广告内容投放后对受众的行为反应进行实时监测，根据用户浏览时长、创意曝光率、购买转化率等数据结果，判断单个创意素材和各种创意组合对于不同用户的实际应用效果与适配程度，进而即时调整创意素材组合，自动提升用户适配度，优化创意效果。

4. 用户协同性(matching)

用户协同性强调的是用户之间的协同匹配，即通过分析用户群体行为总结归纳得出不同用户之间的相似性，将目标人群“标签化”从而对目标用户进行精准推荐。目标人群标签一般包括用户的性别、年龄、居住地、职业等基础属性，同时还包括点击相似、兴趣分类相似、主题相似、兴趣词相似等扩展特征。

程序化创意首先通过用户过滤算法找到与某位目标用户兴趣相似的用户群体的集合，分析该集合中用户群体的创意偏好形成用户标签，再通过内容分析算法进行精准推荐。如图 8-1 所示，程序化创意为用户制定的标签包含用户识别号、用户行为、时间、地点、终端等多个维度的属性特征，同一个用户会同时具备多个标签。在形成特定人群画像和目标用户标签后，程序化创意对各个维度的标签进行综合性分析，通过智能算法将符合用户标签的创意内容推荐给目标用户。

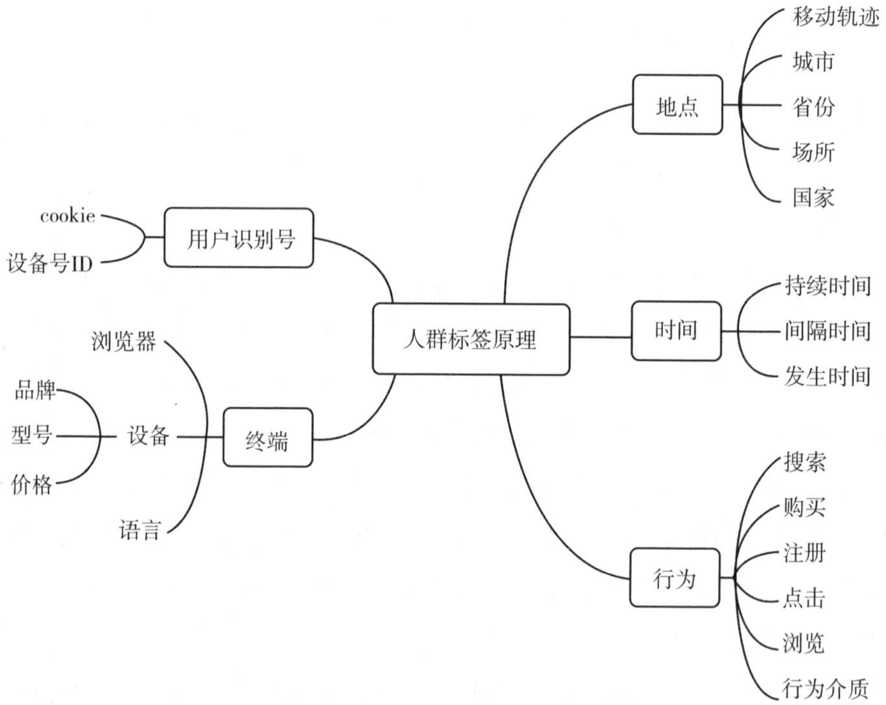

图 8-1　程序化创意人群标签原理①

总体而言，对于品牌方和广告商来说，通过程序化创意平台进行自动化内容生产，能够以同样的营销成本在短时间内批量生产出更多创意内容，以及延长内容创意的生命周期，并通过数据优化创意，提高流量转化率，降低营销成本；②对于消费者和用户来说，程序化创意能够为其提供“千人千面”的精准广告推荐，

① 段淳林、任静：《智能广告的程序化创意及其 RECM 模式研究》，《新闻大学》2020 年第 2 期，第 17~31 页。

② 上海艾瑞市场咨询有限公司：《中国 MarTech 市场研究报告》，《艾瑞咨询系列研究报告》2021 年第 6 期，第 248~316 页。

满足其对个性化与差异化内容的需求。

三、人机物协同的创意模式

在当下的智能时代，人工智能已进入营销传播中创意策略制定、创意生产、创意投放以及创意效果监测等各个环节，发展形成了诸如程序化创意一类以智能算法为核心的创意生产模式，在一定程度上提高了创意生产的效率与品质。但现阶段的这种智能创意生产，本质上是通过机器算法对已有素材进行排列组合，以理性为运作逻辑而缺乏“人性”的光辉。① 事实上，创意的生产不能完全脱离人类智慧，智能算法也无法完全取代人的作用。真正理想的创意模式并不是机器或人类某一方的绝对性主导，而应该是“人机物的协同”。

所谓人机物协同的营销传播创意模式，是一种面向消费者个性化和定制化需求的新创意生产模式，通过智能技术打破人与物、时间与空间、现实与虚拟之间的壁垒，使原本受物理条件限制的任意客观对象都可以成为创意生产的载体，从而使人类、机器和物体能够协同进行创意生产与传播。

人机物协同的创意模式具体表现为以下四个维度的协同作用。

1. 人机协同

广告领域，人与机器的融合主要表现为人类与机器在广告内容创意上的智能协同，人类与机器将实现感性与理性、人文性与技术性的平衡与交融，人机协同的广告创意将呈现百家争鸣的积极场面。② 其一，人类可以学习智能算法的理性运算逻辑，对自身创意思维方式进行改进和补充完善；其二，人类具有机器所不具备的感性思维、艺术灵感以及天马行空的想象力，机器通过深度学习人类的这些特质不断提升智能，从而形成自主创新发明的能力，不再局限于使用人类制作的现有素材；其三，机器通过学习与模仿人类的思维方式，能够以类人的思维去分析用户数据信息，深度洞察消费者微妙而复杂的心理活动与情感需求；其四，人工智能可以代替人类完成创意生产中大量的重复性工作，从而使人类创意工作者节省下更多的时间与精力去执行原创性、突破性的重要工作，进而推动整个营

① 程明、程阳：《数据全场景和人机物协同：基于 5G 技术的智能广告及其传播形态研究》，《湖南师范大学社会科学学报》2020 年第 4 期，第 114~119 页。

② 程明、程阳：《数据全场景和人机物协同：基于 5G 技术的智能广告及其传播形态研究》，《湖南师范大学社会科学学报》2020 年第 4 期，第 114~119 页。

销传播行业的加速发展。

2. 机物协同

物联网技术是实现机物协同的基础设施，通过物联网能够将 AI 系统植入原本没有思维能力的物体，接入物联网中的所有物体都将被赋予一定的智慧，具备对数据自动采集、计算和处理的能力，形成一种“物联网智能”，从而使机器与物体能够协同进行创意生产。人们日常生活中的书桌、衣柜、冰箱等各类物体都能够被赋予 AI 智能，成为“智能书桌”“智能衣柜”“智能冰箱”，这些智能物体能够在被人们使用的过程中采集用户数据并上传网络系统，通过智能算法生成符合用户偏好的创意内容并进行精准推荐，比如智能衣柜能够收集用户的身材信息以及每日的穿衣情况，分析用户的穿搭习惯和款式喜好，据此为用户生成“量身定制”的服饰类创意广告。

3. 人物协同

人物协同表现为内容生产者可以随时随地、在不受任何物理条件限制的情况下进行内容创意的创作，人类所使用的创作工具不再仅是纸笔、手机或者电脑，其所接触到的任意物件都可以作为创作载体，抑或成为人类创作的搭档与帮手。例如，内容创作者用被赋予智能的相机拍摄几张照片，智能相机则将自动记录并识别照片中的素材元素，并向创作者推荐与这些图片相关的文案、音乐等素材作为创意搭配。基于对素材库与互联网上海量创意素材与创意作品的识别与分析，这些智能物体会进行自主思考并将思考产物与创作者进行分享与交流，从而为创作者提供新灵感和新思路。①

4. 人机物的深度融合与协同

在人与机、机与物、物与人之间全部构建连通关系的基础之上，人、机、物三者能够实现深度的融合。机器智能赋予物体全时段、全场景的内容组成要素，物力拓展人力的信息维度、丰富创意形式和传播渠道，同时人作为媒介的延伸的同时亦作为人工智能的协调辅助者。② 在人机物深度融合的创意模式中，所有的创意素材将会整合在一起建构成为统一的创意池，人、机、物共同管理与使用创

① 程明、程阳：《数据全场景和人机物协同：基于 5G 技术的智能广告及其传播形态研究》，《湖南师范大学社会科学学报》2020 年第 4 期，第 114~119 页。

② 程明、张蒙：《智能广告创意的特征、内涵与发生逻辑》，《现代广告》2021 年第 15 期，第 15~19 页。

意池，三者相互协助，共同决策，成为智能营销传播时代创意执行的核心。

目前受限于技术应用水平，人机物协同的创意模式还尚处于构建中。随着智能技术的不断发展，未来智能营销传播的创意模式将是人类智能、机器智能以及物联网智能的深度融合与协作。人机物的协作可以为人类创意和创新赋能，为机器智能带来进化，为营销传播带来更为智能化的形态，进而促进营销传播产业与整个社会的智能化进步。

第三节　智能营销传播的未来发展

未来，智能营销传播会继续汲取经典营销传播理论的精华，持续引入更为先进的新生智能技术，演化形成更为先进的营销传播手段和形态，从而为广告主和消费者创造更大的价值。本节将基于现阶段的行业与技术背景，介绍智能营销传播未来发展的主流趋势，以及对可能产生的营销传播新形态进行预测。

一、数据跨场景营销传播

现阶段的数字营销传播只能在部分特定场景下采集消费者信息，并且主要集中于在线上通过智能手机等移动通信设备来提供匹配场景的营销服务。未来的智能营销传播将实现数据跨场景营销传播，为消费者提供高度精确、实时转换的场景匹配营销服务。

首先，目前不同类型媒体平台的消费者场景数据是不互通的，形成了不同场景之间的“数据孤岛”，比如微博、微信垄断了用户的社交场景数据，淘宝、拼多多等电商平台占据了用户的消费场景数据，高德等导航类 APP 则拥有用户驾驶场景数据。由单独某一类场景数据所形成的消费者用户画像必然存在片面性，导致匹配精确度的下降。“大数据+云计算”与“5G+物联网”技术组合的协同效应将不断削弱用户数据的垄断性，帮助广告主全面化、立体化地了解消费者在不同场景下的行为特征以及其背后对应的消费者偏好与需求，从而形成精确且全面的消费者画像。

其次，5G 和物联网技术的结合在未来能够真正实现“跨场景数据互连”，全面融合线上与线下场景数据，打通不同场景之间的信息全链路传输。5G 的高速率数据传输与低延迟的物联网传感器能够更迅速地捕捉用户特征与其在场景之中的状态和行动，再由云计算技术完成对数据的分析、传输与储存，进而投放匹配的广告内容。在场景发生切换和转移时也能够结合历史数据记录来进行分析，比如当消费者步入超市时，会根据消费者的饮食习惯和消费水平推荐某些食材；而当消费者接下来回到家中进入厨房后，又会收到根据在超市购买的食材而推荐的烹饪食谱推荐；当消费者第二天再次来到超市或者餐厅时，也会根据前一天购买食材和饮食情况避免向消费者推荐重复性的食材或菜品。

此外，数据跨场景营销传播也将结合在虚拟世界中的场景传播。比如当消费者游玩于网络游戏中时，到了现实中消费者平时用餐的时段，游戏场景中的横幅或海报将根据各类消费者的饮食数据展示为其推荐的美食和餐厅。

二、全方位沉浸式互动体验传播

数字时代下消费者的时间管理与消费习惯呈现碎片化特征，广告主和品牌很难持续获取消费者的注意力并建立有效沟通。对抗这种碎片化的有效方法则是采用“沉浸式营销”，让消费者沉浸在深度体验之中，进而产生认知与情感上的高度共鸣。未来智能技术将进一步推动沉浸式营销的发展，为消费者提供全方位沉浸式互动体验传播。

在现阶段的数字营销传播中，AR（增强现实）和 VR（虚拟现实）技术已得到一定范围的应用。与图文和视频相比，AR 和 VR 能够为消费者营造出由产品或服务带来的更加直观和近距离的感觉，使消费者产生身临其境的体验感。但受于技术水平限制，AR 和 VR 等沉浸传播技术还没有大规模普及于营销传播环节。5G 技术的全面普及将大幅提高数据传输速率，解决现阶段 AR 和 VR 应用于营销传播领域时产生的高时延问题，与消费者进行无延迟的交互和反馈，增强消费者的沉浸体验。

在 AR 和 VR 技术之外，智能营销传播将引入 MR 与 XR。MR（混合现实）是合并现实世界和虚拟世界而产生的新的可视化环境，在现实世界、虚拟世界和用户之间搭起一个交互反馈的信息回路，以增强用户体验的真实感。XR（扩展现实）则涵盖以上所有不同的技术，在各种模式之间进行转换。未来的全方位沉浸式互动营销传播将呈现 VR、AR、MR（混合现实）、XR（扩展现实）的四足鼎立，为消费者带来更为丰富的临场感和更优质的消费体验。①

智能营销传播还将增加更多、更人性化的互动。现阶段的智能音响、智能手机等内置的 AI 与用户之间的互动较为生硬，缺乏感情，大多为指令型语句和问答型对话。未来的人工智能互动将无限接近真人之间的交流模式，提供给用户更具真实感、沉浸感的互动，从而养成用户与智能产品交流互动的习惯。人工智能与人类的沉浸式交互一直是众多互联网企业的研发重点，比如百度开发的“小度语音系统”，能够识别不同的交互对象，对老人与儿童采取特殊的定制化互动方式，在与儿童交互时会切换为童声，以更具童趣的语言风格来进行对话交流。

三、智能营销传播的全新形态

1. 智能接触点

未来的社会将实现“万物智能互联”，人们日常所接触的各类事物都将连入物联网，并由人工智能为连入物联网中的事物赋予智能，从而形成多种类型的“智能接触点”。这些智能接触点分工明确又相互连通，合力为消费者提供营销传播服务。不仅消费者可以通过智能接触点接收营销传播服务，广告主与品牌方也可以通过智能接触点实时洞察消费者，接收消费者的反馈。

首先，智能接触点连接之下的场景将不再是单一的情境或者语境，而是在多样化传感器基础上形成的“接触点+场景”的新模式。智能接触点的广泛植入将覆盖消费者的各类生活场景，并对主场景进行进一步具体的细分区隔。比如在消费者的家中，智能冰箱、智能沙发、智能书柜、智能床铺等智能家居接触点会依据消费者的居家活动习惯，将“家”这一场景再划分为“烹饪场景”“娱乐场景”“学习与工作场景”“休息场景”；同一地点位置也会因为时段不同而存在多种不同的场景，比如智能床铺会感知消费者的姿势、动作、心率等特征，结合消费者的作息规律，判断消费者此刻在床铺上处于“睡眠场景”或是“娱乐场景”，从而合理规划投放的内容与时机。

其次，被赋予 AI 智能的智能接触点不仅能够理解用户的指令和需求，还可以精准感知用户的行为以及潜在的心理及情感。每个智能接触点所采集的数据也

① 程明、程阳：《智能技术时代营销传播的变革与智能营销传播的未来发展》，《现代广告》2020 年第 9 期，第 29~33 页。

会通过5G网络实时共享给智能物联网中的其他接触点，多个智能接触点之间可以进行信息整合和联动服务。比如智能床铺检测到用户肌肉疲劳，智能书桌检测到用户深夜伏案工作的时间增加，联合多种数据推断用户可能正因工作而劳累，根据这一信息来向用户推荐缓解疲劳的按摩服务。

再次，智能接触点具有深度学习、独立创作以及主动投放内容的能力。一方面，智能接触点与网络中的创意素材库相连，能够自我学习创意设计思路，从其他创意作品中汲取灵感，程序化制作创意内容；另一方面，智能接触点会根据消费者的实时数据及其所处场景，创作匹配的内容并展示给消费者，主动提供营销服务。比如智能接触点捕捉到用户处于焦虑、悲伤等负面情绪，智能接触点将下载欢快音乐作为内容BGM，选择能诱发积极情绪的明快色彩作为海报图案的颜色基调，生成能缓解用户情绪问题的内容。

此外，智能接触点处于时刻在线的状态，不需要休眠机制，因此可以对消费者进行长期的数据跟踪和记录，通过深度学习长期积累的海量数据来掌握消费者的思维逻辑和行动规律，进而提高对消费者行为的预判能力和对需求的预测能力；能够全天候对消费者的需求进行实时响应，即刻满足消费者当下所需；能够把握营销传播环节中每一个“关键时刻”，不错失任何一个微小的营销时机。

2. 内容在线社区

在未来的智能营销传播产业中，内容的生产与传播将不再以品牌或广告公司为核心主导地位，而是会借助区块链技术，构建起一个自由、公开、透明、平等的“内容在线社区”。

在内容在线社区中，广告主、广告公司、消费者，以及所有的人工智能、计算设备、智能接触点，都将是在线社区中的一个节点。区块链去中心化的特质使得社区中每一个节点都可以自主参与生产与传播的过程，并且在多个节点之间可以形成合作与协同，共同完成内容的生产与传播流程。比如品牌方可以在社区中提出关于某类产品的内容主题，专业广告人和普通用户都可以在社区中上传自己的创意思路以及文案、图片、音乐等创意素材，再由程序化创意系统将这些多方来源、多种类型的素材进行比较和组合，高效率、高水平地生成符合主题的创意内容。

在现阶段的社会化媒体平台上，信息的虚拟性与可复制性引发了部分利益方对他人原创内容的剽窃与盗用，严重侵害了原创性内容生产者的利益，打击其创作积极性，破坏了互联网内容创作生态与知识产权体系。区块链技术则可以对社区中任何与内容生产相关的操作进行记录，并依托其不可篡改、可追溯和永久保存的特性，长期对原创内容生产者的劳动成果实施有效保护。

此外，区块链内部的代币机制能够激发用户参与内容创作的积极性。在代币激励机制中，用户主体创作并上传原创内容作品或创意素材至社区内容库后，每当有其他主体使用或下载这些内容，都会由系统自动向原作者支付相应价值的代币，通过内容变现来激励越来越多的用户加入内容在线社区的协同创作之中。

参 考 文 献

中文著作

1. 张金海:《20世纪广告传播理论研究》, 武汉大学出版社2002年版。
2. 程明、张常国:《品牌归于管理——新时代的战略品牌观与品牌运作法则》, 人民出版社2015年版。
3. 郑德梅:《新媒体时代的生存》, 山东人民出版社2015年版。
4. 彭兰:《社会化媒体理论与实践解析》, 中国人民大学出版社2015年版。
5. 程明、钱广贵:《数字营销传播经典案例教程》, 中国建筑工业出版社2016年版。
6. 星亮:《演进与阐释: 营销传播学理论演进研究》, 暨南大学出版社2014年版。
7. 徐晋:《大数据经济学》, 上海交通大学出版社2014年版。
8. 阳翼:《大数据时代的营销传播》, 社会科学文献出版社2016年版。
9. 丁俊杰、陈培爱、金定海等:《广告学概论》, 高等教育出版社2018年版。
10. 谢泽明:《网络社会学》, 中国时代出版社2002年版。
11. 孔剑平:《社群经济: 移动互联网时代未来商业驱动力》, 机械工业出版社2015年版。
12. 李善友:《产品型社群》, 机械工业出版社2015年版。
13. 金定海、徐进:《原生营销: 再造生活场景》, 中国传媒大学出版社2016年版。
14. 段淳林:《整合品牌传播——从IMC到IBC理论建构》(第二版), 世界图书出版公司2016年版。
15. 余明阳、杨芳平：《品牌学教程》，复旦大学出版社2009年版。
16. 崔恒勇：《互动传播》，知识产权出版社2015年版。
17. 舒咏平：《品牌聚合传播》，武汉大学出版社2008年版。
18. 段淳林：《整合营销传播：从IMC到IBC的理论建构》，世界图书出版公司2014年版。
19. 中国通信工业协会物联网应用分会、刘伟等：《物联网+5G》，电子工业出版社2020年版。
20. 周洪波：《云计算：技术、应用、标准和商业模式》，电子工业出版社2011年版。
21. 刘鹏：《云计算》(第三版)，电子工业出版社2015年版。

中文译著

1. [英]雷蒙·威廉斯：《关键词：文化与社会的词汇》，刘建基译，生活·读书·新知三联书店2005年版。
2. [美]菲利普·科特勒、[印尼]何麻温·卡塔加雅、[印尼]伊万·塞蒂亚万：《营销革命4.0：从传统到数字》，王赛译，机械工业出版社2018年版。
3. [美]尼古拉斯·克里斯塔斯基、詹姆斯·富勒：《大连接》，简学译，中国人民大学出版社2013年版。
4. [美]Erik Qualman：《颠覆：社会化媒体改变世界》，刘吉熙译，人民邮电出版社2010年版。
5. [美]菲利普·科特勒、凯文·莱恩·凯勒：《营销管理》(第15版)，何佳讯等译，上海人民出版社2016年版。
6. [美]菲利普·科特勒、[印尼]何麻温·卡塔加雅、伊万·塞蒂亚万：《营销革命4.0：从传统到数字》，王赛译，机械工业出版社2017年版。
7. [美]帕姆·狄勒：《首席内容官》，孙庆磊译，中国人民大学出版社2016年版。
8. [美]乔纳·伯杰：《疯传》，刘生敏、廖建桥译，电子工业出版社2014年版。
9. [美]帕姆·狄勒：《首席内容官》，孙庆磊译，中国人民大学出版社2015

年版。

10. [美]菲利普·科特勒、[印尼]何麻温·卡塔加雅、伊万·塞蒂亚万：《营销革命 4.0：从传统到数字》，王赛译，机械工业出版社 2019 年版。
11. [美]兰德尔·柯林斯：《互动仪式链》，苏国勋译，商务印书馆 2009 年版。
12. [美]亚历克斯·博古斯基、约翰·温莎：《自营销：如何传递品牌好声音》，闾佳译，浙江人民出版社 2012 年版。
13. [美]凯文. 凯利：《技术元素》，张行舟等译，电子工业出版社 2012 年版。
14. [美]克莱·舍基：《认知盈余》，胡泳、哈丽丝译，中国人民大学出版社 2011 年版。
15. [美]尼葛洛庞帝：《数字化生存》，胡泳译，海南出版社 1997 年版。
16. [美]米哈里·契克森米哈赖：《心流——最优体验心理学》，张定绮译，中信出版集团 2017 年版。
17. [美]罗伯特·斯考伯、谢尔·伊斯雷尔：《即将到来的场景时代》，赵乾坤、周宝曜译，北京联合出版公司 2014 年版。
18. [美]克里斯·安德森：《长尾理论》，乔江涛译，中信出版社 2006 年版。
19. [美]戴维·霍尔：《大转折时代》，熊祥译，中信出版社 2013 年版。
20. [美]海蒂·舒尔茨、唐·舒尔茨：《整合营销传播》，内蒙古人民出版社 1999 年版。
21. [美]乔治. E. 贝尔齐等：《广告与促销整合营销传播展望》，张红霞等译，东北财经大学出版社 2000 年版。
22. [美]丹·舒尔茨：《整合营销传播》，中国财政经济出版社第 2013 年版。
23. [美]丹·舒尔茨等：《全球整合营销传播》，黄鹂等译，机械工业出版社 2011 年版。
24. [美]丹·舒尔茨等：《全球整合营销传播 IGMC》，何西军等译，中国财政经济出版社 2004 年版。

后　记

美国著名的作家、演说家马克·吐温曾经说过一句话："历史不会重复，但自有其韵律。"从传统媒体到新媒体，从传统广告到新广告，从传统营销传播到数字营销传播，媒体、广告和营销传播都经历了"颠覆性"的变革，它们的演进和变化的确不会重复，也不可能重复，但在变革的过程当中，却有着自身的"韵律"。这种"韵律"源于媒体、广告和营销传播的本质没有改变。正如英国诗人、诗歌现代派运动领袖 T. S. 艾略特在《小吉丁》一书中所说："我们所有探索之旅的尽头，就是回到最初的起点，再重新了解这个地方。"

对营销传播的探索也是如此。暨南大学星亮教授的著作《演进与阐释：营销传播学理论演进研究》是国内一本重要的关于营销传播学理论研究的专著，在其著作中道出了广告与营销传播之间的关系。对于我写作本书具有重要的启发。感谢星亮教授关于营销传播理论探索的起点。

2016 年 9 月，我与任教于华中农业大学的广贵师弟合作出版了《数字营销传播经典案例教程》一书，完成书稿后，就有了写作本书的想法与冲动。历经 5 年多的时间，从构想到构建，从推倒到重建，从初稿到终稿，有些章节的修改几乎等于重写，终于有了现在呈现在各位同仁和读者面前的这本书。在这期间，本书申报成为中共湖北省委宣传部与武汉大学共建新闻与传播学院本科项目资助教材以及武汉大学 2018 年规划教材建设项目。

关于数字营销传播，是这几年研究的热点，这个领域有着诸多文章已经见刊，但关于数字营销传播的教材或专著颇为少见。而对于广告专业学生的学习和教师教学而言，基于数字技术的系统的营销传播专业知识构建却显得迫在眉睫，本书进行了一定的探索，其实也是在摸索之中。

本书能够得以顺利完成并付梓出版，是团队的智慧和力量。本书由我提出整体框架，并拟写二级和三级标目，并在此基础上与博士生和硕士生团队进行充分的探讨和交流，“石本无火，相碰方显灵光；水尚无华，相荡方现涟漪”。研究问题、探索规律、讨论观点的过程是一个非常有趣的过程，也是一个“否定之否定”的螺旋式上升的过程，有思考的艰辛，更有收获的快乐！参与本书执笔的具体情况如下：第一章，程明、蒋妍；第二章，蒋妍；第三章，周亚齐；第四章，战令琦；第五章、第六章，张蒙；第七章，倪康 ；第八章，王灏。王灏协助我参与了第二章的修改和完善工作。硕士研究生王霆威和博士研究生赵静宜、程阳参与了部分初稿的撰写工作。全书于 2019 年 6 月就已经完成了初稿的写作，2020 年和 2021 年又分别由我对书稿进行了第 2 稿的修改和第 3 稿的修改，仅修改的过程历时 2 年多。而这期间，数字营销传播又出现了新的形态和新的现象，我们又将这些内容充实在书稿之中。感谢团队成员智慧的付出和卓有成效的合作。

感谢并感恩导师张金海教授。先生是珞珈广告学派的开创者，是武汉大学广告专业的创始人，也是我进入广告学领域的领路人。当我把书稿打印版送给先生并请他作序时，先生欣然应允！此情此景依旧刻印在我脑海中，先生的肯定和鼓励给我以前行的力量！

华南理工大学的段淳林教授是武汉大学广告学博士毕业，与我是同门。段教授是中国第一个品牌传播本科方向的创办人，在整合营销传播理论的基础上开创性地提出了整合品牌传播理论，本书第七章的相关观点主要采纳了段教授的真知灼见！特此感谢！

感谢武汉大学出版社的编辑徐胡乡女士，不仅对本书的编辑和出版有着极大地热忱，更是对我有着巨大的包容和莫大的信任，一直关切着书稿的进程，但从不催我的书稿进度，她很了解我做事的风格和性格。同时也要感谢我的同事洪杰文副院长和杨力女士，感谢两位对我的关心与帮助。

“把简单的事情考虑得很复杂，可以发现新领域；把复杂的现象看得很简单，可以发现新定律。”伟大物理学家牛顿的这句名言，对于我们思考变化中的数字营销传播，不无启发。数字营销传播中许多新领域的发现与应用，不就是“把简单的事情考虑得很复杂”吗！如人和人之间的连接是如此的简单，但延伸到人和物、物与物，以及人、机、物的连接，就发现了很多新的领域。而在数字时代各种纷繁复杂的营销传播现象中，我们能够归纳和总结其规律性的东西，是不是又有一些新的发现呢！也许这是本书的写作初心，也是张金海教授在序言中所提及的“广告学者的责任”吧！

本书之所以称为“导论”，更多的是我在数字营销传播领域的一种探索，或者说是摸索前行的过程，数字营销传播毕竟是一个全新并且不断变化的领域，书中定有很多不妥或不当之处，“导论”自不敢妄言，但更多地希望得到诸位同仁和专家的“指导”和“评论”，让我“得失寸心知”！并在以后再版时改进之。

是为后记。

程　明

2021 年 12 月 8 日于武昌珞珈山